最强大脑训练丛书

另类的创造

程顺文 编著

郑州大学出版社

郑州

图书在版编目(CIP)数据

另类的创造 / 程顺文编著 . —郑州：郑州大学出版社, 2016.10

（最强大脑训练）

ISBN 978-7-5645-2966-6

Ⅰ. ①另… Ⅱ. ①程… Ⅲ. ①智力游戏—少儿读物 Ⅳ. ① G898.2

中国版本图书馆 CIP 数据核字 (2016) 第 053996 号

郑州大学出版社出版发行
郑州市大学路40号　　　　　邮政编码：450052
出版人：张功员　　　　　　发行部电话：0371-66658405
全国新华书店经销
北京柯蓝博泰印务有限公司印制
开本：660mm×940mm　1/16
印张：10
字数：117 千字
版次：2016 年 10 月第 1 版　印次：2016 年 10 月第 1 次印刷

书号：ISBN 978-7-5645-2966-6　　定价：28.00 元
本书如有印装质量问题，请向本社调换

前　言

　　当你翻开这本书时，就已经打开了认识这个世界的一扇大门，在这里，你将在快乐中认识新鲜事物，在好奇心的推动下，学会独立思考，拥有自己的想法，有时候，会产生自己也去发明创造出既实用又好玩的东西的想法。请珍惜这种想法吧，这既是先进的想法，也是宝贵的快乐。

　　这本书不仅告诉你世界上已经存在的很多事物是怎么形成的，也给你留了足够的想象空间。

　　如果你对书中提到的小实验感兴趣，可以自己动手试一试。我相信，总会有一些故事或者实验能引起你的兴趣，让你愿意动手，愿意动脑，更愿意思考。更令人兴奋的是，这本书里提到的大部分实验，都是可以在家里完成的，这是一件多么令人兴奋的事情呀！

　　本书中提到的所有涉及伟人的事件，那些或许成功或许失败的故事，都饱含了辛酸，有的人甚至被嘲讽、被羞辱、被伤害过，让他们取得成功的不是意外、不是上帝显灵，而是坚持。这份坚持也许是几个小时，也许是几个星期，也许是几个月，也许是几年，有的

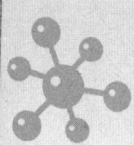

甚至是几十年。几十年如一日，怀抱真理永不言弃，相信自己是对的，而又不自负，总是通过实验从正、反两方面测试，最终得到真理的垂青。我可以负责任地说，所有的成功都来自于恒心，也就是持之以恒地坚持。

　　本书中提到的各项自然、社会、科学、信息等领域的发明创造都能填补好奇心的空白，我相信你能够看到今天这个世界的样子，你所处的环境早已是新世界的格局了。在学习完书中的内容后，请你们继续用好奇来探索充满了新鲜感的世界吧，你已经有了自己的思维，开始独立思考问题，能富有逻辑性地进行思考和探索，甚至合理安排做事情的步骤。

　　无论是动态的还是静态的，你都可以观察到这个世界，无关于好坏，只是角度不同、动作不同。请珍惜你的快乐，它会让你愿意思考；请珍惜你时不时就开始思考或者走神的大脑袋，它能让你像海绵吸水一样汲取知识。

目 录

第一章 揭开科学的秘密……………………………………… 1
  1. 看电影的提示 ………………………………………… 2
  2. 倾斜的宝塔 …………………………………………… 4
  3. 新型炸药的产生 ……………………………………… 6
  4. 一盏吊灯的启示 ……………………………………… 7
  5. 现代染料的发明 ……………………………………… 9
  6. 灵巧的双尖绣花针 …………………………………… 11
  7. 水元素的组成 ………………………………………… 13
  8. 美丽的七色彩带 ……………………………………… 14
  9. 奇特的 X 射线 ……………………………………… 16
  10. 火箭之父的故事 …………………………………… 18
  11. 牛顿的故事 ………………………………………… 20
  12. 电磁感应之父的故事 ……………………………… 21
  13. 人工制造的宝石 …………………………………… 23
  14. 两个铁球得出的结论 ……………………………… 25
  15. 跳动的阳光带来的发明 …………………………… 27

第二章　探索自然的宝藏 ········ 29

1. 刮胡子的发现 ············ 30
2. 肥皂的发明 ············· 31
3. 花瓣带来的启发 ··········· 32
4. 为马儿减轻负担 ··········· 34
5. 两脚搗水的发现 ··········· 36
6. 章鱼的启示 ············· 38
7. 人造血液的发明 ··········· 40
8. 人工授粉的秘密 ··········· 41
9. 救命的脖颈夹板器 ·········· 43
10. 体温表的制作 ············ 45
11. 新颖的治疗方法 ··········· 46
12. 冰天雪地用耳罩 ··········· 47
13. 聆听心脏的声音 ··········· 49
14. 不得天花的原因 ··········· 51
15. 救命的人造血管 ··········· 54

第三章　食品的由来 ········· 57

1. 高产量的杂交水稻 ·········· 58
2. 好吃的臭豆腐 ············ 60
3. 葡萄产地的救星 ··········· 62
4. 罐头的发明 ············· 64
5. 可乐瓶和百褶裙 ··········· 65
6. 巧克力的诞生 ············ 67
7. 口香糖的由来 ············ 68
8. 好吃的方便面 ············ 69

9. 狒狒的功劳 ……………………………… 70
10. 挂着烤的食物 …………………………… 71
11. 维生素的发现 …………………………… 72
12. 咖啡的由来 ……………………………… 74
13. 好吃的三明治 …………………………… 75
14. 圣代的产生 ……………………………… 77

第四章　工具的创造……………………………… 79
1. 穿错了裤子的结果 ……………………… 80
2. 皮鞋的诞生 ……………………………… 82
3. 舒适的耐克鞋 …………………………… 83
4. 牛仔裤是伪劣服装吗 …………………… 85
5. 旱冰鞋的由来 …………………………… 87
6. 刺绣带来的启发 ………………………… 88
7. 受欢迎的人造丝 ………………………… 90
8. 西服的设计 ……………………………… 91
9. 可以自己包扎的创可贴 ………………… 94
10. 剪彩的由来 ……………………………… 96
11. 信封的由来 ……………………………… 98
12. 洗衣机上的吸毛器 ……………………… 100
13. 避雷针的发明 …………………………… 101
14. 小玩笑和大发明 ………………………… 103
15. 用小木棍做火柴 ………………………… 104
16. 安全的防触电插座 ……………………… 106
17. 手电筒的发明 …………………………… 108
18. 脱胎换骨的电子工业 …………………… 109

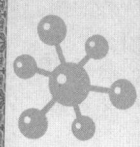

19. 井下通风得出的结论 …………………… 112
20. 电炉的由来 …………………… 114
21. 给火车一个好的刹车 …………………… 115
22. 美丽的写字侧影 …………………… 116
23. 磨眼镜磨出的显微镜 …………………… 118
24. 最早的玻璃镜子 …………………… 120
25. 汉字激光照排机带来的辉煌 …………………… 121
26. 回形针的发明 …………………… 124
27. 一种新电池的诞生 …………………… 125
28. 搭错了导线的启示 …………………… 127
29. "吞宝剑"的启发 …………………… 129
30. 缝纫机里的学问 …………………… 130
31. 高压锅的由来 …………………… 131
32. 月光对无线电通信的启示 …………………… 132
33. 昂贵的黄泥巴 …………………… 134
34. 激光应用的故事 …………………… 135
35. 用橡皮来擦拭字迹 …………………… 137
36. 制造火车的故事 …………………… 139
37. 裂纹青瓷的诞生 …………………… 140
38. 充气灯泡的发明 …………………… 142
39. "门外汉"发明的机关枪 …………………… 144
40. 钩在一起的火车 …………………… 146
41. 运动场上的哨子 …………………… 148
42. 能移动的亭子 …………………… 149
43. 长牙齿的邮票 …………………… 151

第一章

揭示科学的秘密

　　左看看右看看，这个世界是多么奇妙，只要我们观察细致，就一定可以发现其中各种各样的奥秘。其实，在生活中有很多精彩的小瞬间，而这些小瞬间中有很多很多惊人的发现，只要你细心地去观察，探听其间的学问，就会感觉到其中的乐趣。那么就让我们一同去思考，一同去观察，一同在学习中玩耍吧，相信经过细心观察，我们每一个人都可以受益匪浅。

1. 看电影的提示

俗话说"自古英雄出少年"。曲本刚就是我国一个著名的少年发明家。

他是天津市四十一中的学生。有一次，他和同学一起到电影院里看《魔术师的奇遇》。这部有立体效果的3D电影激起了他的浓厚兴趣。看完后他激动不已，心想："真想不到，世界上还有这么神奇的电影！"

回到家以后，他把立体电影的事向妈妈一五一十地叙述了一遍："妈妈，那部立体电影看了真过瘾！要是天天都有这样的电影就好了。可是在同一家电影院里，为什么有的电影是立体的，有的不是呢？"

"孩子，立体电影与一般的电影不一样，用来放映它的大银幕是非常特殊的，在看电影的时候，观众还必须戴上一副特制的眼镜。这样，才能有立体电影的效果。"

"噢，原来如此！"他想，"如果我能发明一种眼镜，在观看普通电影时也有立体效果，那该多好啊！"他把这个想法告诉了妈妈。

"别开玩笑了，这连大发明家们还没发明出来呢，你一个小孩子哪能有这么大的能耐？"妈妈笑咪咪地抚摸着曲本刚的

头,疼爱地说。

可是自尊心极强的曲本刚却一口咬定自己能实现这个想法,他决定用事实证明自己能成功。

于是,他开始对立体眼镜进行研究。为了搞清立体眼镜的原理,他一次次地到电影院里看电影,把那副特殊的眼镜摘下来,戴上去,再摘下来,再戴上去,几次三番地重复着这个动作,希望这样对比能找出一些规律。但遗憾的是,连续数月一无所获。

有一天,幸运之神终于来到了他的身边,在一个旧书摊上,他发现了一本《眼屈光异常与配镜原理》的书,翻看了几页就爱不释手了,激动得眼泪都要掉下来了。他想:"真是'踏破铁鞋无觅处,得来全不费工夫',我可以多参考参考这本书,它对发明立体眼镜一定有用。"

于是他买了这本书,兴致勃勃地跑回了家。他全神贯注地阅读着这本来之不易的书,刻苦钻研了书中介绍的配镜原理,学会了用带有小孔的镜片观察物体,使它产生具有立体感的图像,并且具有色彩和层次。

"小孔镜片有立体感,可是要用多小的孔呢?我应该去试验一下再下定论。"

曲本刚说干就干,找来了一副普通的塑料眼镜,把一根钢锥烧红,在眼镜片上扎了好几个小孔,往眼睛前一放,嘿,眼前的图像果然很有立体感。

"如果我再多扎些小孔,说不定效果会更好。"曲本刚激动极了,心想,"我的立体眼镜就快要制作成功啦!"

他连续不断地在150毫米长的眼镜片上扎了350个小孔,终于制造出来一副与普通眼镜不一样的立体眼镜。曲本刚试着

带上自己发明的立体眼镜看电视，电视屏幕上的画面果然形成了立体的影像，非常逼真。

曲本刚通过仔细观察，对事物认真钻研，成功发明了立体眼镜，填补了我国眼镜制造业的一项空白。

2 倾斜的宝塔

鲁班是一名手艺高超的木匠，素有木匠鼻祖之称，是我国历史上最著名的工匠之一。他除了发明锯子、雨伞和拱桥之外，还在苏州成功地把一座斜塔扶正了。

事情是这样的。

有一天，鲁班应邀前往苏州参观古代建筑，就在他兴致勃勃地游览的时候，前面传来了一阵严厉的斥责声。鲁班闻声望去，发现在前方不远处的一个有一些倾斜的宝塔边上站着一位穿着讲究、大腹便便的富翁和一名穿着寒酸、瘦骨嶙峋的工匠。

只见这名富翁斥责工匠："要么你给我重新修建，要么你把宝塔给扶正了。否则，我饶不了你！我把你送到官府惩办去！"

"大人,要是推倒的话,我就是卖儿卖女也没钱把这宝塔重建起来呀!"那位工匠伤心地说。为了请求富翁原谅,他甚至给富翁跪下了。

但是富翁还是不依不饶,说:"那你就给我把宝塔扶正!"

鲁班听友人介绍:"富翁是当地有钱有势的权贵,原本,他们家是为了积德行善,决定建造一座宝塔,使自己的名字和宝塔一样流芳百世。于是召集了一班能工巧匠来施工。工匠们日夜不停地建造,差不多花了三年的时间,才将这座宝塔建好。但令人遗憾的是,尽管这座宝塔看上去非常壮观,但是有一点倾斜。工匠们花费了许多木料精心修造的宝塔,竟成了不能直立的斜塔。这让富翁十分恼火,认为这座斜塔会使他成为众人的笑柄,违背了积德行善的初衷,所以迫使工匠把倾斜塔修整垂直。"

鲁班听完这件事的前后因果,连忙帮这位工匠解围,但是富翁仍然咄咄逼人。在万般无奈之下,鲁班答应富翁,帮助工匠来修正这座斜塔。

接下这个重任后,他思绪万千,走到宝塔前,里里外外仔细地观察了一番,然后要求那名工匠找来点儿木料备用。

工匠弄来了一些木料,疑虑重重地交给了鲁班。鲁班分析了一下塔的结构,又仔细地检查了塔体,想道:"这座宝塔从工艺上来讲还是很好的,结构很牢固。如果拆开重新建,不仅会破坏塔的整体形象,还会浪费许多木料,花费的时间也太长了。所以我们只能'智取',可以尝试用木楔来扶正。也就是说,把木料砍成一块块带斜面的小木楔,然后塞到倾斜的那一面。这能起到'四两拨千斤'的作用,而且从表面上又看不出来,不影响宝塔的美观,不是很好吗?"

鲁班一边想,一边干了起来,一个月以后,宝塔果然立直了。

所有人都对鲁班想出的妙法大加赞赏。从此,用木楔来扶正建筑物的方法得到了广泛地运用。

后来,人们为了纪念鲁班的伟大贡献,封他为中国木匠的鼻祖。直到今天,鲁班的名字还被许多人提及,他的故事流传至今。他是中国历史上最伟大的发明家之一。

3 新型炸药的产生

舍恩贝恩是德国的一位化学教授,他聪明能干,事业心也非常强,经常把未做完的实验带回家去做。

在一个星期天的上午,他夫人有事外出,他便抓紧大好时光,继续在家里进行他未做完的实验。

舍恩贝恩深怕自己把家里搞得满屋乌烟瘴气,引起妻子的不满,准备在她回来之前把实验做完。

厨房里有水管、台板等现成的工具,比较方便,于是,他把器具都搬到了厨房里,一切准备就绪,就开始做起了实验。

在忙乱中，舍恩贝恩不小心把浓硫酸和浓硝酸的瓶子打碎了，瓶子里的液体淌满了桌子。他赶紧拿起一件挂在墙上的棉布围裙擦起来。当擦到离酒精灯不远的地方时，只听见"啪"的一声巨响，围裙发出一道闪光就不见了。

他非常困惑："围裙为什么会爆炸呢？是不是因为围裙中的成分可以和硝酸发生化学反应，生成一种易燃的物质呢？"

带着这个疑问，舍恩贝恩进行了许多实验，终于得出结论，天然纤维素可以和硝酸起化学反应，生成一种易燃易爆的化合物——硝酸纤维素。它就是爆炸物硝化棉，也是后来的炸药。

火药是中国古代四大发明之一，后来才传到欧洲。舍恩贝恩制造的这种炸药与火药不同，是既能爆炸又能燃烧的新型炸药。后来，它被广泛地应用于生产和战争中。

 一盏吊灯的启示

在我们眼中，时钟是一样非常普通的东西，但是，你们有没有观察到它里面的钟摆？

1582年的一个早晨，秋高气爽，略微有些寒意。意大利著名物理学家兼天文学家伽利略，像往常那样早起来到了比萨大教堂做礼拜。

在高大宽敞的教堂里，一盏悬挂在教堂中央的铜吊灯吸

引了伽利略的目光。他看到那盏吊灯被门外的风吹得左右摇摆。这个现象引起了他的注意,他默默地观察着。这时门外又吹来了一阵风,吊灯便大幅度地摇摆起来。

伽利略急忙按住自己的脉搏,心中默默地数着数:"1、2、3……"一共是20下。吊灯摆动的幅度越来越小,他再次按住自己的脉搏检查,发现每次摆动的时间仍然是脉搏跳动20下所需要的时间。经过反复证实,无论摆动幅度大小,吊灯左右摇摆一次所需的时间是相等的。

他回到家里,躺在床上彻夜难眠,大幅度摇摆的吊灯在脑海中挥之不去。于是,他从床上跳下来,取来一根绳子,吊上一个重物让它自由地摆动。实验重复了许多次,最后他发现,物体摆动一次所需要的时间与物体的重量无关,与摆动的幅度无关,而与绳子的长度有关。

他对这个现象思索了许久,然后又回忆起吊灯:"吊灯摆动的幅度虽然不同,可是它所需要的时间好像是差不多的。如果说,吊灯摆动的时间是均匀的,那么就可以利用这个原理,把等时性应用在计时工具上来计算时间。"他把这种摇摆规律命名为"摆的等时性"。

伽利略受到了启发,利用这个规律发明了"脉搏器",后来又创造出了钟表,发明了天文钟。在教堂里挂了不知多久的铜吊灯,有成千上万的人都看到过它摇摆。但是又有谁发现了"摆的等时性"呢?

几十年后,1656年,荷兰科学家海更斯根据伽利略的"摆的等时性",发明了各种走时准确的机械摆钟。

5 现代染料的发明

小朋友们,你们喜欢什么颜色的衣服呀?你们知道衣服上的颜色是用什么染成的吗?

以前,给衣服上色的染料是工人们从植物上采集到的染料,到后来才开始使用化学染料。那么,我们现在就来讲一个和染料有关的故事。

在很久以前,疟疾在农村蔓延开来,解药奎宁是一种非常稀有的物质,价格昂贵。许多病人都因为买不起奎宁而发愁。

当时,英国有一个叫威廉·亨利·帕金的男孩,他是英国皇家化学院的一名学生,学习勤奋,而且喜欢做一些小实验。

1856年，威廉·亨利·帕金为了研制出人工合成奎宁，就把自家的小院子当成了实验室，开始了实验。

奎宁是一种纯白色的物质，可是威廉·亨利·帕金虽然做了很多次实验，却没有一次得出白色的产物。"为什么无色透明的苯，在我的实验中却变成了黑色的沉淀物了呢？"他想弄个明白。

这次，他把这种黑色的沉淀物溶解在酒精中，就在此时，奇妙的事情发生了，这个溶液呈现出了一种鲜艳的紫色。他看到后万分激动，心想："我可以试试看，用它来染衣服，说不定可以代替植物颜料。这样可以大大降低工人的工作量，这是多么好的一件事啊！"

于是威廉·亨利·帕金找来了一块布，把它浸泡在这个溶液里，过了一会儿，布料居然染上了这种非常好看的紫色。

威廉·亨利·帕金非常得意，然后他又想："这种染料能维持多久呀？"他试着用肥皂清洗这块布料，然后晾在烈日下暴晒了好几天。一个月过去了，布料不仅没有褪色，而且颜色还和以前一样鲜艳漂亮。

后来，威廉·亨利·帕金想："这么优秀的染色剂，我该怎么把它推广开呢？"

威廉·亨利·帕金亲自拜访了英国最著名的染料公司——皮拉兹公司，向他们诚恳推荐这种颜料，最终，这家公司接受了他的发明。他立即申请了这种新型染料的专利，并把它命名为"苯胺紫"。"苯胺紫"就是世界上第一种人工合成的染料，而它的发明者——威廉·亨利·帕金此时只有18岁。

6 灵巧的双尖绣花针

绣花针是人们生活中的必备品。从古至今，绣花针都是一头针尖、一头针鼻。但是有一个小学生却颠覆了这个传统，制造出了有两个针尖的双尖绣花针。

这个小学生名叫王帆，从小学一年级开始，他就爱开动脑筋，做点小发明。

有一天，王帆到姑姑家串门，看到姑姑正在那里刺绣，王帆认真地观察了姑姑刺绣的动作。只见姑姑一只手在绷面上，一只手在绷面下，双手交替着倒腾线，一刻也闲不下来。

"姑姑你绣的荷花真好看！"王帆不禁赞叹道，"可是怎么这么辛苦啊？"

"是啊，在绷面上绣花是一件不容易的事。每绣一针，都要先扎下去，把线拉直，然后翻腕，随即掉转针头再扎上来，把线拉直，再翻腕，再扎下去，就这样不停地重复。"姑姑抬起了头，揉了揉眼睛，对王帆说，"时间一长，眼睛都看花了，手腕累得发麻，又酸又疼。"

"能不能发明出一种专门的刺绣针，不用翻腕的那种？有了它，姑姑以后刺绣就不会这么费神了。"王帆一边想着，一边自言自语。

"小帆真是个懂事的好孩子！如果你能设计出来，姑姑就带你到公园去玩,奖励你。"姑姑笑着说。

"一言为定!"王帆高兴地说。

回家以后,王帆一直把"不用翻腕的针"这件事儿放在心上,一直想着怎样才能制造出一根不用翻腕的绣花针。

有一次王帆做好了功课,像平常那样在家看电视。电视上正在演渔民们织渔网,他们使用的是两头带尖的梭子,将网线穿在梭子中间,织起网来又快又好,根本不用翻腕。他灵机一动,心想:"既然梭子可以把网线穿在中间,为什么绣花针不能呢?针眼儿可以设在中间,这样,绣起花来就像渔民们织网那样快,不用翻转手腕。"于是说干就干,王帆找出了一根大头针,然后又翻出了小电钻,动手制作起来。

可是每一样发明和创造都是要经过反复失败的考验的,为了在大头针中间钻一个针眼儿,他努力了几十次都失败了,有点懊恼和着急。

父亲在一边看着,知道儿子在十分执着地做着一件他自己感兴趣的事情。于是他鼓励王帆沉住气,告诉他,他已经离成功不远了。在爸爸的鼓励下,王帆捏紧钻孔机的手柄,对准大头针的中央部位扎了下去,终于在针上扎出了一个针眼儿。

就这样,第一根双尖绣花针诞生了。王帆激动地拿着自己的发明去找姑姑,让她和邻居们试用。听了她们的反馈意见后,他欣慰极了,因为他的发明得到了一致的好评。就这样,祖祖辈辈传下来的绣花针"换代更新"了。

他的双尖绣花针在第四届全国青少年科学发明创造比赛中,荣获武汉市义烈巷小学发明创造一等奖,为人们的生活增添了一抹春意。

 **水元素的组成**

很久很久以前,一个普通的下午,天气晴朗,阳光灿烂。在英国一家小剧院里,笑语不断,非常热闹,剧场内还不时爆发出一阵阵雷鸣般的掌声。

一场魔术表演正在这里进行。舞台上,穿着燕尾服的魔术师,正在给大家表演一个名叫"铁盒淌汗"的魔术。观众们看到他把氢气通入一个擦干的铁盒里,然后点燃,就看见铁盒里冒出一股白烟来,接着是"啪"的一声巨响。魔术师立即拿起铁盒,向观众展示:"大家看哪,铁盒出汗啦!"

观众们看到,刚才干燥的铁盒出现了许许多多的小水滴,就像人出了汗一样,不禁为魔术师的表演鼓掌。

这精彩的表演被英国著名化学家卡文迪许看到了。他出身于贵族官僚家庭里,但是为了实现理想和抱负,毅然放弃了安逸奢华的生活,投身于科学研究工作。看完后,他对这个表演产生了极大的兴趣，立即回到实验室，做起了与这个魔术相仿的实验。

他在实验室里，小心翼翼地把氢气和氧气混合在一起，然后点燃，发现每次爆炸后，容器壁上都挂满了小水滴。

他非常纳闷："这些水是从哪里来的？难道是容器没有擦干造成的？"于是，卡文迪许把容器擦得干干净净的，然后又重复了一遍刚才这个实验，得到的结果是一样的。

卡文迪许继续进行了许多次实验，每次都会产生小水滴，在经过研究后，他得出结论，氢气和氧气在火中燃烧，二者结合产生水。人类由此开始，不断地揭开了物质化合的神秘面纱。

8 美丽的七色彩带

红外线是一种温度较高的光线，可以用来取暖、加热食物。它廉价、安全、高效，被广泛应用于不同的领域。人们根据这些特性又制作出了许多家用电器。

那么最初红外线是怎么被发现，又是怎么被测试出它高温的特点的呢？现在，我们就来讲述一个和红外线有关的事实。

1800年的一天，春光明媚，阳光灿烂，年逾花甲的英国天文学家赫歇尔，正在仔细地观察三棱镜折射出来的七色彩带。

忽然一个灵感出现在他的脑海里："阳光带有热量，组成太阳光的七种单色光肯定也含有热量，哪一种携带的热量最多呢？"他继续想，"如果我能测得每种单光的温度不就知道了吗？"

于是，赫歇尔在实验室的墙壁上贴了一张白纸，让七色光带照在纸面上。在光带的红、橙、黄、绿、青、蓝、紫以及红光区以外和紫光区以外的位置上各放置了一支温度计，他观察到，绿光区的温度上升了3℃，紫光区的温度上升了2℃，紫光区以外的位置上的温度计几乎没有变化……然而令他吃惊的是，红光区外的温度计的读数竟上升了7℃。

接着赫歇尔又对这九种光线进行了深入的研究，然后他得出结论："在红光区外一定还有某种人眼看不见的光线，并且这种光线携带的热量最多。"

之后，通过其他科学家无数次的实验，证明了赫歇尔的观点是正确的。在红光区外的确有着某种肉眼看不见的光线，并且这种光线携带的热量的确是最多的。

后来，科学家们把赫歇尔发现的这种看不见的光线命名为红外线，而赫歇尔也和他发现的红外线一样，永世流芳。

9 奇特的 X 射线

拍摄 X 射线图，是人类进行内脏和骨骼检查的重要手段之一，每一家医院都具备这样的检查条件。

X 射线还有一个好听的名字，叫伦琴射线。这是人们借用发现 X 射线的物理家——伦琴的名字命名的。

关于 X 射线，民间流传着一个有趣的故事。

1895 年，德国物理学家伦琴正在实验室里研究阴极射线的荧光现象。他在观察放电管时意外地发现，距离放电管两米远的涂有铂氰化钡的屏上发出了荧光，而当放电管停止放电时，荧光也随之消失。

这一现象引起了伦琴的极大兴趣，他想："屏上的荧光是由放电管引起的，但是阴极射线只能穿透几厘米的空气，不可能达到那么远。那么它到底是什么呢？"伦琴像是发现了珍宝一样，对这个现象异常着迷，并决定展开研究。

他通过改变实验条件的方法进行研究：把屏移到更远的地方，或用黑纸把放电管包起来……然后重复刚才的实验。但是屏上依然有荧光。由于X代表未知，所以伦琴给这种神秘的光线命名为X射线。

接着，伦琴又做了大量的实验，来证实这种射线与阴极射线具有不同的性质。如，X射线不受磁场影响，不会产生偏转；X射线能使密封的底片感光；X射线可以穿过薄金属薄片；X射线甚至可以把衣服内的钱币或手掌骨骼呈现在照片上……这是一件多么令人惊奇的事啊！伦琴感到了前所未有的喜悦。

在他发现X射线后，他的夫人既好奇又惊喜，甚至有点不敢相信。伦琴为了证明自己的成果，跟妻子开了一个小小的玩笑：他把她的手放在X射线前拍了一张照片，然后冲洗出底片给她看。毫无心理准备的伦琴夫人看到底片上自己的骨骼形状后，吓得魂不附体，对着底片大叫。看着妻子恐惧的样子，伦琴激动地抱着妻子安慰道："别害怕，它不过是你身体里的骨头。这下你可以相信我了吧，我真的发现了X射线！这种神秘的光线，将会使全世界震惊。"

果然不出其所料，伦琴的发现在科学界引起了轰动。全世界的科学家们都对它极感兴趣，引发了新一轮的X射线研究热潮。那时候，X射线作为一种娱乐工具，在许多贵族中风靡开来，许多人觉得，能照射到X射线、对别人展示自己的骨骼和内脏器官是一件很前卫、很与众不同的事情，他们乐此不疲地照个不停。直到有家权威机构宣布X射线对人体细胞有杀伤性的作用以后，他们才停止了对X射线的狂热迷恋。

后来，医学界在研究了 X 射线的特性后，开始尝试把它用在诊断和内部结构检测上。

现在，当我们去医院看病的时候，可以看到每个医院都设有放射科，大量的疾病都可以用 X 射线进行拍摄检查，找出病灶，并根据片子分析出病因和病根所在。然而在此以前，病人仅能依靠医生的推测和临床经验来发现疾病。因此，我们可以毫不夸张地说，X 射线在医学诊断上做出了巨大贡献。

除了在医学上的应用，X 射线在墙面、地基及物体探测上，作用也相当显著。

由于伦琴发现了 X 射线，并进行了广泛推广，使之应用于多个领域，他是 20 世纪最伟大的物理学家之一。

10 火箭之父的故事

你们在电视里面看到过火箭升空吗？是不是也希望和宇航员一样，到外太空去玩、探索宇宙的奥秘？下面我们就来讲一个关于火箭发明的故事。

齐奥尔科夫斯基是俄罗斯的一位著名科学家，他推算出了火箭发射必须遵循的基本公式，奠定了火箭成功升空的基础，被人们公认为"火箭之父"。

齐奥尔科夫斯基出生于俄罗斯的一个小村庄，自幼喜欢读书和观察周围的事物。

在一次学习中,他偶然读到了一本名叫《月亮上的旅行》的书。看完后,他像着了魔一样天天梦想着自己可以到月球上去玩,在那里自由自在地生活。从那以后,他开始搜集有关飞行器的书籍,潜心研究。直到1883年的一个星期六,他有了重大发现。

那天,他按照惯例去一家酒吧喝酒。他和朋友们聊着天,一边惬意地喝啤酒,一边观察酒店里工人们辛勤地工作,他们正在从地窖里费力地向外搬运一桶又一桶装满啤酒的大桶。

突然,一个啤酒桶的木塞被冲飞了,强大的气流将桶子推到了半空中。

齐奥尔科夫斯基被这个现象惊呆了:"天啊,啤酒桶里的气体居然有这么大的推动力!我可以由此推断出,一个贮有压缩气体的大桶,当桶的底端被打开后,强烈的压缩气体就会喷涌出来,它所产生的巨大推动力可以不断地推动桶向前运动,直到气体耗尽。"

"我为什么不把它用到太空飞行中去呢?这么重要的原理,太难得了。"

根据这个发现,他试着绘制出了一张火箭设计图。在之后的许多年里,他不断改进着整张设计图,不断地研究,全身心地投入到火箭的设计中去。最终,他对人类到外太空探索做出了卓越的贡献,被人们尊称为"火箭之父"。

11 牛顿的故事

牛顿是一位非常伟大的科学家。他在概括和总结前人研究成果的基础上,通过自己的观察和实验,提出了"运动三定律"。

少年时代的牛顿并不像其他名人一样,从小就显露出引人瞩目的科学天分,而是跟大多数人一样,轻松愉快地度过了中学时代。

直到 15 岁那年,一场罕见的暴风雨侵袭了英格兰。狂风怒吼中,牛顿家的房子直晃悠,就像要倒了似的。牛顿被大自然的威力迷住了,他想:"这正是测验飓风力量的最佳时机。"他冒着狂风暴雨在后院里,一会儿逆风跑,一会儿顺风跳,测算着飓风的力量。为了接受更多的风力,他索性敞开斗篷向上飞跃,认准起落点,仔细量距离,看狂风能把他吹到哪里。

牛顿经常到他父亲的庄园里读书和散步。有一天,一颗大大的苹果落在了他的面前，引起了他的关注："苹果为什么会落地呢？它怎么不朝天上飞去呢？一定是有什么力量在牵引着它。"于是，在苹果落地的启发下，他发现了万有引力，并把力学确立为完整、严密、系统的学科。

12 电磁感应之父的故事

1831年，迈克尔·法拉第发现了"电磁感应"，并且利用这一原理制造出世界上第一台"发电机"。为了纪念法拉第做出的杰出贡献，1831年，英国皇家学院授予了法拉第皇家学院教授头衔。能够得到这么崇高的头衔，对于法拉第来说，是多么不容易啊！

法拉第出生在一个贫穷的铁匠家庭，在他13岁那年，父亲送他到书铺里当学徒。从此，他开始过着四处奔波、风餐露宿的生活，用辛勤的劳动换取微薄收入。这份工作对于他来说，最有乐趣的是可以偷偷阅读书铺里那些永远也读不完的书。

"一根玻璃棒，在一块毛皮上摩擦几下就能产生静电，可以吸起一片纸屑？真是太奇妙了。"有一次，法拉第从《大英百科全书》里看到了玛西特夫人讲述的实验，法拉第感到特别惊奇，于是他就依葫芦画瓢地按照书中的内容演示起来。从此，他就热衷于亲自尝试书里提到的物理与化学实验，总是想探索个究竟。

为了进行实验，他跑到药房里去捡一些废弃的小瓶子，用自己攒下的微薄收入购买一点便宜的药品……法拉第躲在自己的小阁楼里，废寝忘食地做着实验。

法拉第通过一个偶然的机会认识了化学家戴维。戴维是个发现了多种新元素的伟大化学家，他十分看好法拉第，对他格外爱惜，甚至把他带到了英国皇家学院，给他安排了一份实验室助手的工作。戴维为法拉第创造了十分优越的条件——皇家学院的实验室，使得法拉第可以专心致志地开展研究工作，淋漓尽致地发挥他在物理和化学方面的潜能。他在那里进行了磁和电的研究实验。

当时，科学家们已经证实电可以转变成磁，而磁能不能转化成电还是个未知数。这一点对当时的科学界来讲至关重要，它是人类能否驾驭电、使用电的转折点。法拉第决心把问题弄明白。

在此之前，他已经完成了电磁学上的一个重要实验，就是在玻璃缸中央位置上立一根磁棒，倒上水银以后，让磁极的一端露出来，再用一根长长的铜丝缠绕住一根软木，放到水银缸里面。将导线一端接在磁棒上，另一端与软木一头的铜丝连接，另一头的铜丝与磁棒的另一极连起来。这样，电源接通后，导线马上开始移动了……这个实验在电磁学上是一个很大的突破。

在那之后，法拉第满脑子都是"磁是否能转变成电"这个问题，他的口袋里总是放着一个电磁线圈的模型，一有空就拿出来看看，仔细地研究。有时，他会在研究中自言自语，有时候索性一头扎进实验室里不肯出来。

1831年10月17日，法拉第的实验终于成功了。他将磁棒在线圈中运动所产生出来的电流，叫作"磁电"，称这种感应为"电磁感应"。

1833年，英国皇家学院授予迈克尔·法拉第教授的头衔。就这样，法拉第从一个没有受过正规教育的书铺学徒，变成了堂堂学府的著名教授，这段历程也成为科学史上的一段佳话。

在发现"电磁感应"后，法拉第加快了他的研究步伐，利用"电磁感应"原理，他制造出了世界上第一台发电机。有了发电机和变压器，人类就能大量生产电了。从此，电从实验室走向了百姓家，成为了学习、工作和生活中重要的能源之一。

13 人工制造的宝石

早在19世纪，金刚石作为一种名贵的装饰物，在欧洲市场上就非常紧俏。贵妇们大都喜欢把昂贵的金刚石镶嵌在各类首饰中，佩戴在身上，既富丽堂皇，又光彩照人。

可是，天然的金刚石产量非常少，根本无法满足人们的需求。

莫瓦桑是早先在药店做过学徒的法国化学家，在看到市场上对金刚石需求量非常大的现状后，他心想："能不能用人造金刚石来满足需求呢？那样就解决了供求关系紧张的局面了。人类用手把石头变成'金子'——这将是一项非常有意义的发明。并且，这项研究会有非常广阔的发展前景。"于是，这位充满幻想和抱负的有为青年在其他人的嘲笑声中,开始了艰难的造石计划。

当时,人们已经在陨石里面发现了石墨和碳这两种元素和天然金刚石里面的成分相同,并因此做出推断,金刚石是由石墨和碳在特殊的外界条件下转化而成的。

莫瓦桑在研究中发现,要使石墨和碳转化成金刚石,就必须施加强大的压力。他用尽各种方法对石墨和碳进行加压,比如挤压和撞击等,希望它们能够在高温高压下变成金刚石,但是并没有成功。一次次的失败让他沮丧不已,但他并没有气馁,而是越挫越勇,坚信自己会成功。每一次实验,无论是成功还是失败,都为他提供了宝贵的经验,坚定了他继续探索下去的意志和决心。

经过数不清的反复实验,他终于想到了用"热胀冷缩"的原理来给石墨和碳加压。他设计了一种特殊的装置,在熔化的铁液中加入少量的碳,使之与铁液混合,然后把烧红的铁液倒入冷水中,混合物随即产生了强烈的嘶鸣声,一团团水蒸气迅速升起。在强大的压力下,由铁液凝结而成的铁块上附着一颗颗很小的、亮晶晶的结晶体。这就是第一批人造金刚石。

经权威机构测试:这种新物质,颜色比天然金刚石略黑,不那么熠熠生光,但是硬度却不逊于天然金刚石,用来打磨其他物体是绰绰有余的。

后来,法国科学院经过不断测试和论证,慎重地向全世界公布了人造金刚石的诞生:贵重的金刚石,完全可以用碳作为原料,使用特殊的方法制造出来。

随后,人造金刚石被不断地用于各种必需品的生产和加工制作中,成为生活和工作中不可或缺的工具。

14 两个铁球得出的结论

早在古希腊时期，亚里士多德就认为："物体降落的速度和物体的重量成正比。"在一千八百年间，人们一直把这个学说当做真理。

但是，有一位叫伽利略的青年却大胆地对亚里士多德的学说进行了反驳。他的观点是："如果两个不同重量的物体同时从空中下落，将会同时坠地。"

这个观点在当时引起了轩然大波，遭到了各方人士的唾弃和猛烈攻击。有人说："千百年来，先贤们都没有否定过的事实，他要来否定，莫非他比我们的先贤更优秀？真是太自不量力了。"更有人恶意地讽刺："伽利略是个疯子、科学界的败类、社会的残渣……"

各种各样的人身攻击一起向伽利略袭来，但是他却坚守着自己的理论，他要用事实证明自己的理论是正确的，让全世界都接受这个观点。为了达到目的，他反复思考着证明的方法。

有一天，伽利略来到城墙下散步，两个大小不一的土疙瘩从他眼前落下，同时坠地。这件小事给了伽利略很大启发，他惊喜万分："对，我要在比萨斜塔上做这个实验，给那些不相信真理的人一个漂亮的反击。"伽利略越想越开心，边走边"嘿嘿"地笑了起来。

在一个阳光明媚的早晨，那些权威人士和教授穿着紫色的长袍，整齐地排列着队伍来到塔前，每个人都摆出了一副盛气凌人的样子。百姓中也有很多人闻讯赶来看热闹，大家议论纷纷，等待着实验开始。

太阳渐渐地升高了，只见伽利略迎着朝阳一步一步地登上了比萨斜塔。当他看见塔下熙熙攘攘的人群时，大声呼喊："请看清楚，铁球就要下落了。"说完，两个重量分别为一百磅和一磅的铁球从五十多米高的塔上往下落。

塔下有很多人为伽利略捏了一把汗，他们目不转睛地盯着铁球，只听"咚"的一声，两个铁球同时落地了。

这时塔下的人群一阵骚动，那些权威人士和教授们的威风一扫而光，个个都目瞪口呆。

这个实验揭开了自由落体的秘密，推翻了亚里士多德的学说，在物理学的发展历史上具有划时代的意义。

15 跳动的阳光带来的发明

另类的创造

晴天的时候，充足的阳光照在身上，暖暖的，非常舒服，阳光不仅能杀菌，还可以补充钙质。

太阳光对于人类的益处真是多得数不清，镜式电流电报机就是根据跳动阳光的原理发明的。

在很久以前，英国人在铺设大西洋海底电缆时，遇到了一个难题，电缆的信号太弱，用现有的电报机根本接收不到。当局经过再三商议，决定将这个问题交给英国学者威廉·汤姆生来解决。

汤姆生接受了这项任务，深感责任重大。他想："只有放大信号，才能解决这个问题。"于是，他整天埋头于电缆终端电信号的资料中，废寝忘食地进行着各种推理和实验。

在一个阳光明媚的早晨，两个关心汤姆生的好朋友不愿意看到他整日一筹莫展、苦苦思索的样子，便邀他一起去看海，放松一下心情。

他们来到了海边，瞭望着一望无际的大海。汤姆生的思绪也像这大海一样，此起彼伏。之后他们登上了游艇，向远一点的地方驶去。玩了一会儿之后，人们突然发现，汤姆生不见了，大家十分着急，分头去找。不一会儿，有人发现他在船舱里面，正专心致志地画设计图。

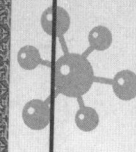

"他还是在继续思考他的海底电缆。"船上的伙伴们被汤姆生这种敬业的精神深深地打动了。"怎样才能让他更好地休息一下呢？"大家你一句我一句地讨论着，但是终究没有想到办法。

正在他们议论着拿不定主意的时候，一个调皮鬼从行囊里取出了一面小镜子，对着太阳不停地调整角度，最后使阳光反射到汤姆生的脸上。只见光点在他的脸上不停地跳动，照得他无法睁开眼，不停地躲闪。

当阳光又一次照射到汤姆生的眼睛上时，他好像吃了兴奋剂一样，突然大声喊道："我要成功了，我要成功啦！我找到新的解决方案了，我找到啦！"汤姆生紧紧抱住那个调皮鬼旋转了几圈，然后拿过镜子，高高地举过头顶以示胜利。

他从反光中得到了启示："对着阳光的镜子，只要稍微挪动一点，哪怕是很小的角度，远处的光点也会大幅度地跳跃，这就是放大呀！"

此时，汤姆生的思维早已像着了魔似一样飞回了实验室，朋友们将他送了回去。

根据这个反射光的放大原理，汤姆生发明了一种"镜式电流电报机"，这种新型电报机灵敏度极高，解决了海底电缆信号接收薄弱的难题。

当海底电缆修复完成，人们都沉浸在成功的喜悦之中，当然，大家更加感谢这个项目的功臣——汤姆生。他的发明被载入了史册，成为人类通信史上的一座新的里程碑。

第二章

探索自然的宝藏

在大自然中，蕴藏着很多很多的宝藏，有些已经被人类发现，并在人类社会的发展进程中发挥了巨大的作用；而有些还沉睡着，等待着人类的发现。下面，让我们看看那些善于发现宝藏的前辈的故事，并向他们学习，探索挖掘自然中的宝藏吧！

1 刮胡子的发现

吉列剃须刀是世界知名的剃须刀品牌,它的创始人是一位名叫吉列的外国人,他也是公认的安全刀片大王。

在没有发明安全剃须刀以前,吉列是一家瓶盖公司的小销售员。他热爱科学,有聪明的头脑和敏捷的思维。吉列从20岁就开始攒钱,节衣缩食,把所有的存款都投入自己的创造发明中了。但令他沮丧的是,在整整20年中,他一事无成。

到了1985年夏天,吉列被公司派到保斯顿出差。他在返程的前一天晚上买好了火车票,准备第二天动身返回公司。就在那一天,发生了一件意外的事情,改变了他的一生。

第二天,他睡过了头,正当他匆匆忙忙地刮胡子的时候,旅馆服务生跑来催促说:"先生,再有五分钟,火车就要开了。"吉列心里着急,手一抖,被刮胡刀刮伤了嘴巴。

吉列忍着痛,擦拭着嘴巴上的伤口,突然,一个绝妙的想

法出现在他的脑海中:"如果能发明一种不容易刮伤皮肤的刀子,肯定会大受欢迎。"

于是,吉列埋头苦干,用心钻研。在克服了种种困难之后,终于发明出了我们现在使用的安全刀片。吉列也因此被公认为安全刀片大王。

2 肥皂的发明

肥皂是我们每天都要接触的清洁用品,那么,你知道肥皂是怎么被发明出来的吗?它们最早是古埃及人发明的。

在很久以前的古埃及时代,有一天,法老胡夫要举行盛大晚宴。这可忙坏了宫里的厨师,他们即使马不停蹄地干活,也经常会被长官斥责动作太慢。在他们当中,有一个10多岁的小厨师。他和其他人一样,忙得不可开交,在忙乱中,小厨师不小心踢翻了灶下的一盆炼好的羊油,满盆的羊油全部浇在了炭灰里。

"惨了,要挨打了。"小厨师心急如焚,直掉眼泪。

过了一会儿,他镇定下来,想道:"这可不能让别人看见。"于是,他急忙把混有羊油的炭灰大把大把地捧起来,扔到外边,然后快速地把手洗干净。令他惊喜的是,这次洗过的手比以前洗得干净多了。

聪明的小厨师意识到自己发现好东西了。他想:"既然我用这种东西能把手洗得特别干净，为什么不把它按照这种比例和配方制作出来供大家使用呢？"

于是，他把混着羊油和炭灰的混合制成的小团团依次分给大家，并说明了用法。其他厨师本以为这只是小孩子在开玩笑，可是在使用了这种混合物之后，双手居然真的变得特别干净。

后来，这件事情传到了法老的耳朵里，他不但没有惩罚那个打翻羊油的小厨师，反而嘉奖了他。法老命令大臣专门制造这种小团团，并下令推广使用。这种小团团就是我们现在使用的肥皂的雏形。

3 花瓣带来的启发

在我们的生活中，有一种钩带和绒带结合在一起的尼龙搭扣，这种尼龙搭扣非常灵巧耐用，被广泛应用在服装、鞋子、背包、篷帐、降落伞、窗帘、沙发套等生活用品上。

那么，这种尼龙搭扣是由谁发明的呢？是瑞士发明家乔治。

乔治是职业发明家，十分喜欢打猎。有一天，乔治和往常一样，带着猎狗进山打猎。一只灰色的兔子突然出现在乔治面前，猎狗"嗖"的一声冲了上去，乔治也快跑着跟在狗的后面。狡猾的兔子钻进了荆棘丛中，猎狗仍然紧追不舍。虽然乔治最终还是打到了兔子，但身上却粘满了紫色的山牛蒡花。

乔治拍了拍衣服，那些花儿却仍然牢牢地粘在衣服上，无

论乔治怎么拍，衣服上的花瓣都纹丝不动。

乔治渐渐地对这种花的花瓣发生了兴趣。他干脆坐在石头上，一点一点地拈起衣服上的花瓣。

"哎，见鬼！这些花儿怎么粘得这么牢啊？"乔治一边想着，一边努力地摘衣服上的花瓣。结果，他发现，要把这些花儿都拈下来，是一件非常不容易的事。

乔治想："没有用胶水粘住，为什么花瓣会挂到衣服上，而且比胶水粘得还牢固呢？"

他认真观察着这种紫色的山牛蒡花，突然有了一个想法，他想："这些山牛蒡花的超强粘合力肯定跟它自身的结构有关，也许，我可以从这里得到一个新发现。"

于是，乔治带了一大捧紫色的山牛蒡花来到实验室。他把一朵紫色的山牛蒡花放在显微镜下仔细观察，很快就找出了答案。原来，这些小花的花瓣表面全都是一些细细的钩子。

"这么看来，小钩子跟绒布碰到就会紧紧地咬住绒布。如果两个对象，一个是带钩子结构的，一个是绒状结构的，那它们就可以咬合在一起不分开了。"乔治得到了这个启示，高兴极了。

于是，乔治以紫色的山牛蒡花花瓣为课题，仔细研究了八年。他根据紫色的山牛蒡花的结构特征，发明了一种钩带和绒带结合在一起的新型尼龙搭扣。

这种尼龙搭扣质地坚韧，使用牢固；而且轻便，易于携带。后来，它被广泛应用于各个领域中。

4 为马儿减轻负担

在很多年以前,马匹是最重要的交通工具,在交通运输中不可或缺。

有一天,20岁的德国人奥托,看到一匹匹马拉着沉重的车厢,大声地喘着气,卖力地来回奔波着,十分辛苦。

"能不能设计制造出一种发动机,把它装在马车上,为我们可怜的马儿减轻一些负担呢?"奥托看着路上的各式马车,突然冒出了这个念头。

恰巧,法国的工程师鲁诺瓦,此时正在将他设计的两冲程内燃机安装在马车上,在巴黎街头展出。

奥托认真观看了鲁诺瓦的机器马车,他通过仔细的观察和科学的计算,找出了它不能成为实用品,而只能用于展示的原因:气体燃料发动机的热效率太低,消耗的燃料比蒸汽机大得多!

他想:"发明发动机是世界交付给我的历史任务,我一定要把发动机发明出来,造福人类。只有设计制造出一种新型的、高效的,能在道路上奔驰的机器马车,才能成功地把人类带到

一个全新的生活概念中来。"

在学校读书时，奥托是一名成绩优异的学生，但由于早年丧父，在他16岁时便辍学了。为了生计，奥托在一家小型的杂货铺找到了一份工作，当起了学徒。对于从来没有受到过高等教育的他来说，要想发明一种新型的机器马车，简直就像精卫填海一样困难。

但是，奥托没有被困难吓倒，他一边卖力地自修文化知识，一边反复对新型的机器马车进行一系列的研究试验，终于得出了一个结论："解决问题的关键有两个：一个是采用怎样的燃气，燃气与空气要达到什么样的比例，才能最好地发挥效能；二是活塞的运动方式，怎样使进气、压缩、点火、排气这四个过程一气呵成，不浪费燃料。"经过多次尝试，他设计出了一种四个汽缸联合运动的四冲程方式发动机，并将它画在了设计图纸上。

可是，普鲁士专利局以他的发动机缺乏理论依据为由，不予受理。

听到驳回的消息后，奥托急得像热锅上的蚂蚁一样。他想："如果我不能成功申请专利，那就意味着我的发明不能转换成产品，不会有制造商与我合作生产我自己的内燃发动机，那么，我的发动机实验就不会有后期研发资金了。"

幸运的是，一位名叫朗根的朋友资助了他。奥托非常珍惜朗根给自己的资助，他激动地发誓：一定要制造出最为先进的内燃发动机，使机器马车成为人们日常的交通工具。

奥托对设计方案进行了反复的改进和修正，不断加长进气道，改造汽缸盖，使内燃机更加完善。他制造的第一号机每分钟可转100转，燃料节省了三分之二。奥托的实验终于成功了！

他制造的内燃发动机成了人们争相采购的商品。

　　古老的马车终于离开了历史舞台，人类的生活方式被奥托的发明完全颠覆了。现在，人们早已不再用马车作为交通工具了，我们今天看到的两个轮子的摩托车、三个轮子甚至四个轮子的汽车，就是由奥托发明的内燃式发动机来提供动力的。

5 两脚捣水的发现

　　大家一定都看到过轮船吧！其实，现代轮船的动力原理和一个小朋友的一个小动作有关。这个小朋友就是闻名遐迩的美国工程师富尔敦。

　　一个夏天的中午，富尔敦乘着大人不注意，独自去河边钓鱼。他看见河沿上有一条小船，便解下缆绳，登上小船，划着木桨向河中心划去。可惜天公不作美，这时忽然刮来了一阵大风，富尔敦拼命地划动木桨，努力想把小船划到岸边。可是他无论如何也无法控制好船向。他急得满头大汗，只好跳入河中，游回岸上。

　　他精疲力尽地躺在岸边，眺望着河中央被风吹得来回漂荡的小船，心里泛起了层层涟漪："为什么顶着风就划不动船？能不能想出一个办法来，让船能自动前进呢？"

　　晚上，富尔敦躺在床上辗转反侧，苦苦地思考这个问题。

第二天，他又来到了那条小河边，安静的河面上有几只天鹅在自由地嬉戏。

他跳上那只小船，心里想着昨天的问题，完全忘记了划桨，两只脚垂在船舷上，荡来荡去，拍打着水面，搅动着河水。不知不觉中，小船已经漂到了小河中央……

富尔敦发现自己身处河心之后，脑中灵光一闪："两只脚不停地晃动，就能使船前进，那能不能用机器来代替两只脚呢？"

富尔敦思考了片刻，便飞也似的向家的方向跑去。回家后，富尔敦赶忙把设想画在纸上，画着画着，他不禁兴奋地大叫起来："就是这样，就是这样！"

富尔敦脑海里已经出现了轮船的雏形："船上装一个轮子，轮子上布满风车似的桨叶，轮子不断地转动，桨叶就会被带动起来，拍击河水，就像用脚搅水一样，使船前进。"

富尔敦看着自己设计的船、桨叶、轮子，暗下决心：一定要把这种安全高效的轮船研制出来，并且大量普及，使坐船的每一个人都能安全、快捷地到达自己的目的地。

后来，富尔敦慢慢长大了，他为了能够实现自己的理想和抱负，收集了大量的相关资料，刻苦钻研有关造船的专业知识。终于在1807年，他创造出了世界上第一艘用机器推动前进的船只——轮船。

后来，科学家们对轮船不断改进，使轮船安全、快捷、高效、低成本的优势更为突出。而轮船也在诸多交通工具之中脱颖而出，成为重要的海上交通工具。

6 章鱼的启示

在20世纪50年代，日本掀起了一股运动热潮，运动衣裤、鞋、帽成了畅销货。

一个叫鬼冢喜八郎的商人察觉到了这一趋势，就想："如果我能制造出一款独特的运动鞋，占有一定的市场份额该多好啊。"

虽然这样盘算，但是他的心里还是没有底。自己的公司是个小公司，对那些具有垄断地位的大商家来说，只是沧海一粟，怎么能和他们比呢？

一天，鬼冢喜八郎应邀观看了一场十分激烈的篮球比赛。赛后，鬼冢喜八郎和一些篮球运动员们进行了交流，询问他们对运动鞋还有什么要求。队员们一致认为，现在的运动鞋止步不稳，容易打滑。

鬼冢喜八郎心想："我一定要抓住这个机会，集中精力开发篮球运动鞋，只有这样，我才能与大公司竞争。"针对这一特点，他马上对鞋底的花纹样式做起了实验。

"什么样的花纹不打滑呢？"他用心思考着这个问题，却始终没能得到答案。

过了几个月，正当鬼冢喜八郎对运动鞋鞋底花纹样式一筹莫展的时候，幸运之神光顾了他。

这天,鬼冢喜八郎和朋友一起出去吃午餐,他点了一份章鱼。在吃的时候发现,章鱼的腕足内侧有很多大吸盘,他灵机一动:"如果我把运动鞋的鞋底做成吸盘式的,不就可以随时止步了吗?"

顺着这个思路,鬼冢喜八郎收集了许多有关章鱼的资料,得知乌贼、水蛭等动物的身上都有吸盘器官,可以使自己附着在其他动物身上。

鬼冢喜八郎在对动物身上的吸盘有了足够的了解后,决定模仿动物的方式制造出一款新型运动鞋。

又过了一段时间后,在不断地实验和改良下,鬼冢喜八郎终于制造出了凹形运动鞋,这款运动鞋不仅舒适轻便,还可以防滑。

这款新型运动鞋一推出,就受到了广大篮球运动员们的喜爱。在大量投入生产后,它一度成为当时鞋业市场中的佼佼者,几乎垄断了整个市场。

7 人造血液的发明

在1965年的一个冬天,克拉克教授正在做实验,一只实验老鼠掉在了一个盛满氟化碳的广口瓶里。

专注的教授没有注意到这一切,小白鼠在盛满氟化碳的广口瓶里游来游去,过了三个小时才被实验室工作人员发现。

克拉克教授看着刚刚从瓶子里出来的小白鼠,非常激动:"这瓶溶液是用来制作麻醉剂的,小白鼠在溶液里游了那么久,居然还活着。这里面肯定有原因。"

克拉克教授立即对这件突发事件进行研究,原来,氟化碳等氟酸化合物可以释放出大量的氧气和二氧化碳,小白鼠正是靠着这些气体存活下来的。

这时克拉克教授想到:"人类血液中的红细胞,也是和氟酸化合物一样,是负责输送氧气,运载二氧化碳的。那么,氟酸化合物是否可以代替人类的血液呢?如果这个设想能够顺利实现,人造血液就不再是不可能的梦想了。"

为了研制出人造血液,克拉克教授在千余种氟酸化合物中进行筛选。在无数次失败后,克拉克教授终于成功地找到了一种既能和血液混合,又不会对人体产生伤害的人造血液,并成功地将其应用于医学界的许多领域。

8 人工授粉的秘密

大家知道什么是人工授粉吗？人工授粉就是人类用人工的方式，代替蝴蝶、蜜蜂，还有大自然里的风来为果树传授花粉。

来自前苏联的米丘林，是为果树进行人工传授花粉的"第一人"。

米丘林的父亲是一位业余园艺师，在米丘林还是幼儿的时候，父亲就为他种了一棵中国苹果树。可是直到米丘林八岁，这棵中国苹果树才结出比樱桃还小的苹果。为此，米丘林暗暗发誓："长大了，我一定要种出能结出又大又甜的苹果的优质苹果树。"

在中学时，他不满学校枯燥的教育方式，与任课老师产生了分歧，被校长赶出了学校——他辍学了。接着父亲又因为积劳成疾，离开了人世。米丘林的生活压力越来越大。

后来他拼命工作，积攒了一点儿钱，便在自己的住处附近，开辟了一块小小的果园，试图实现自己儿时的理想。他在自己的果园里种上了中国苹果树，开始进行改良苹果树的试验。

邻居们看了，都纷纷笑话他。

"穷光蛋搞研究，真是自不量力。"

"种这些连半个卢布都不值的东西，不知道他怎么想的。"

"傻子做傻事，不是天经地义吗？"

这些话传到了米丘林耳朵里，他十分伤心："为什么大家都不支持我，反而刻意中伤我呢？我一定要用别人没有用过的方法，种出别人种不出的果子。"

米丘林根据长辈传授的经验得知：果实的大小与果实的花粉质量有关。于是他请克里米亚和高加索地区的园艺师们帮忙，恳求他们把能结出又大又好的苹果花粉寄给自己，用来改良自己的果树。

园艺师们接到信后，给予了米丘林很大的帮助，纷纷挑选了上好花粉寄给了他。他接到这些花粉后，十分欢喜，把这些花粉分成了好多份，等到果树开花的时候，小心翼翼地撒到果树的花蕊上。

"可是这些花粉容易被风吹跑或被小昆虫弄走，这样，花粉的质量又降低了。"米丘林站在果树林里寻思，"怎样才能解决这个问题呢？"

米丘林独自徘徊在小果园中，埋头苦思，直到天黑才动身回家。当他无意中看到了天花板上的电灯，眼前一亮："我可以用纱布罩子把一朵朵人工授粉的花朵罩起来。这样，既避免了蜂蝶等昆虫来'骚扰'，又保证了空气和阳光不被隔开。"

于是，第二天，米丘林用纱布罩子把人工授粉的花朵一朵朵罩了起来。

几个月后，当米丘林打开纱罩时，终于看到了他亲自授粉的花朵结出了果实。虽然没有他以前希望的那么大那么甜，但是人工授粉的实验毕竟成功了。

然后，米丘林为了让果树结出更大更好吃的水果，还发明了另一种水果栽培技术——嫁接技术。使用"嫁接技术"培育出的水果口感更清新，味道也更香醇。

米丘林也因此成为世界著名的园艺家。

9 救命的脖颈夹板器

1987年4月，在第15届日内瓦国际发明与新技术展览会上，阿莉德·婷因发明的脖颈夹板器，获得了世界知识产权组织每年向当年最优秀的女发明家颁发的金奖。

阿莉德·婷不是什么科学家，更不是什么科研人员。但是她利用自己敏锐的触觉和丰富的想象设计出了这个几乎每个医院都在不断使用的医疗器具——脖颈夹板器。

阿莉德·婷从事发明并没有什么了不起的动机，她只是想减少一些病人的痛苦，增加他们的治愈能力。在做出脖颈夹板器这项发明的时候，她已经四十多岁了。

1936年4月6日，阿莉德·婷出生在挪威首都奥斯陆附近的一个农庄里。她的父亲虽然以务农为生，却一直爱好发明创造，他申请了十几项发明专利，在当地颇有名气。受父亲的鼓励，她对科学发明也特别感兴趣。

阿莉德·婷25岁时结了婚，家庭负担较大，但是她一直没有放弃对发明创造的热爱。

45岁那年，阿莉德·婷获得了到奥斯陆大学注册学习的机会。1984年的一天，在她上学的路上，发生了一起车祸。当时，有一个男人一只脚卡在废车堆里，身子无法动弹，头部汩汩地流着鲜血。

"他的头骨破裂，轻易不要搬动。"学过一些护理知识的阿莉德·婷对赶来救护的人说。

"要是把脊椎弄伤了，即使医院里有最好的外科医生也无能为力。"边上的人摇着头说。

"是啊。"阿莉德·婷实在不忍心继续看着这个男人血流满面的样子，她压抑着内心的恐惧回到了家里。

躺在沙发上，她的眼前反复出现着那个男人满身是血的惨状，突然冒出一个念头："能不能用传统固定断腿、断臂的夹板来固定断裂的脊椎呢？或者说，能不能发明一种这样的夹板呢？那样的话，人们就不用担心在搬动受伤者头部时会弄伤脊椎了。"

她决定马上进行这项十分有意义的研究。从一个门外汉开始，她系统地学习了人的生理知识，对解剖学、骨科学、护理学等相关学科进行了认真的研究，并走访了一些骨科医生。随后，她开始脖颈夹板器的设计工作：用两块板子夹住脖颈，这样，在搬动头部时，就可以避免脊椎受到损伤。经过一次次试验，三年以后，阿莉德·婷——这个普通的家庭妇女，终于完成了这项拯救人类生命的发明。

"我在发明脖颈夹板器的时候，只是希望自己能为承受痛苦的人做点事情，这就是自己最大的幸福。"这就是阿莉德·婷在第15届日内瓦国际发明与新技术展览会上领奖时的感言。我们都应该记住阿莉德·婷，感谢她的发明为延续病人的生命做出的巨大贡献。

10 体温表的制作

伽利略是举世闻名的科学家，他的研究成果是世界科学史上一块璀璨的瑰宝。

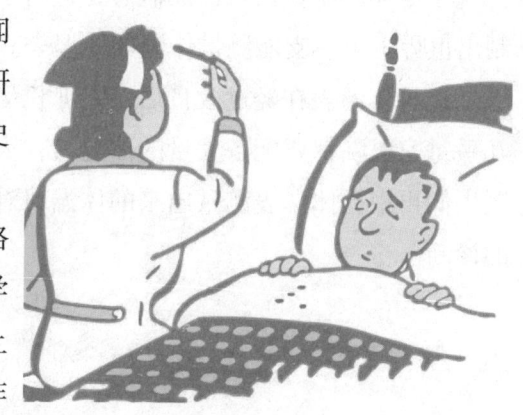

这一天，伽利略在威尼斯的一所大学里授课。在给学生上实验课时，他边操作边问学生："当水的温度升高，特别是沸腾的时候，液面为什么会上升？"

"因为水沸腾时，体积增大，液面就上升。"

"水冷却时，体积缩小，所以液面就降下来了。"

伽利略听后，非常满意地朝学生们笑了笑。突然，他脑中灵光一闪："许多病人的体温都会升高，我们却往往不能及时观察到。能不能想个办法，准确测出体温，帮助诊断病情呢？"

409年前的世界是没有体温表的，医生没有任何"测量体温"的器械，只能根据经验给病人诊断病情。

伽利略感到这是一个给病人带来福音的机会。于是他用手握住试管的底部，使试管内的空气逐渐变热，然后倒过来插入水中，再松开手。于是，水被吸入试管内，液面慢慢上升。当他重新握住试管时，水面又被压了下去。

"我可以根据水的上升下降，看出温度的变化。"伽利略喃喃自语，"如果我将一根很细的试管灌上水，再排出管内的空气，然后把试管口密封住，并在试管上面刻上刻度，是不是就能反映出病人的体温呢？"

于是伽利略根据自己的假想，进行了大量的实验，终于研制出世界上第一支能测量体温的体温表。

这种体温表在经过改良后，受到了人们普遍的欢迎。现在，几乎每家医院都要配备大量的体温表，为病人测量体温，然后医生们再根据体温表测量出来的体温，对病人进行准确而及时的诊断。

11 新颖的治疗方法

在奥地利，有一位非常著名的医生，他的名字叫作奥廷布里。他不仅医术高明，而且善于观察和想象，发明了独树一帜的治疗方法"叩诊法"。

有一次，一个得了怪病的小女孩在辗转几家医院都没能确诊并得到治疗后，被送到奥廷布里那里。可惜的是，奥廷布里还没有实施诊断，小女孩就口吐大量鲜血，死去了。

这件事让奥廷布里非常内疚和伤心。奥廷布里想："难道

非要打开胸腔才能看到病情，或者等到病人口吐鲜血，才能确诊这是结核病吗？"

为了解决这个问题，奥廷布里冥思苦想，终于想起了一个人，一个在库房里帮忙的工人。库房里的工人每次抬酒桶之前，都要用小木棍在木桶上敲两下。他告诉奥廷布里说："你如果听多了，就会发现，有酒的和没酒的或者只有一点酒的酒桶，用木棍敲出来的声音是不一样的。"

奥廷布里决定将这个办法运用在医学上，他一面安慰着小女孩的家属，一面轻轻敲打小女孩的胸腔，并且把敲打发出的声音记在了心里。

回到家以后，奥廷布里对家人的胸腔都进行了几次敲打，发现听到的声音果然有细微的差别。就这样，奥廷布里将这个作为自己的研究主题，把各类病人当成了研究对象，精确地分析了人体胸腔的声音。

若干年后，奥廷布里将自己的研究结果整理成《最新诊断法》，这本书就是"叩诊法"的起源。

12 冰天雪地用耳罩

有一个名叫切斯特·格林斯特的男孩，他非常热爱滑冰运动。圣诞节那天，妈妈给他买了一双溜冰鞋作为圣诞节礼物。收到礼物，切斯特·格林斯特开心极了。

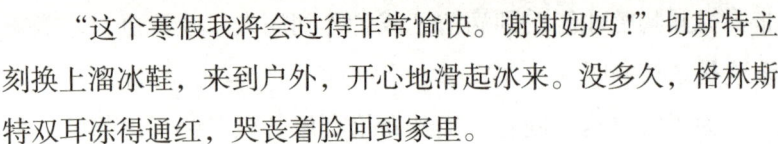

"这个寒假我将会过得非常愉快。谢谢妈妈!"切斯特立刻换上溜冰鞋,来到户外,开心地滑起冰来。没多久,格林斯特双耳冻得通红,哭丧着脸回到家里。

"宝贝,你怎么这么快就回来了,为什么不多玩一会儿?"妈妈很纳闷地问切斯特。

切斯特噘着嘴巴,沮丧地说:"哎,我也想多玩一会儿啊,可是这该死的天气,冻得我的耳朵都快掉下来了……"

妈妈心疼地走到切斯特跟前,用温暖的双手捂住切斯特冻得通红的双耳,想让这对小耳朵暖和暖和。

渐渐地,切斯特感到自己的耳朵不再僵硬、发冷,变得非常暖和舒服。妈妈的这个小小的动作,使切斯特产生了一个念头。他想:"假如有一件暖和的东西捂着耳朵,我不就可以继续玩了吗?"

切斯特激动地握住妈妈的双手,把这个新颖的想法告诉了妈妈。妈妈听后,非常支持地说:"这是一个很好的创意,切斯特,大胆地去做吧,妈妈支持你!"

于是,切斯特在妈妈的帮助下,找来了一些铁丝和羊毛,先用铁丝圈成耳朵的形状,再紧贴着铁丝缝上柔软、暖和的羊毛。

就这样,世界上第一个耳罩在切斯特的手中诞生了!

用这个新型的耳罩来捂住双耳,切斯特又可以在冰天雪地里溜冰了!周围的小朋友,看着他的耳罩都觉得很新奇,他们要求切斯特把耳套给他们试戴一下。

"哇!真的很暖和很舒服。"小伙伴们称赞说,都请求切斯特给他们做一个,切斯特得意极了。

四年后,切斯特·格林斯特到国家专利局申请了耳罩的专利,并且在朋友的帮助下成立了一家专门生产耳罩的公司。

又过了几年,切斯特发明并且生产的耳罩成为人们在冰天雪地里必不可少的保暖器具,并且风靡了全世界,流传至今。

13 聆听心脏的声音

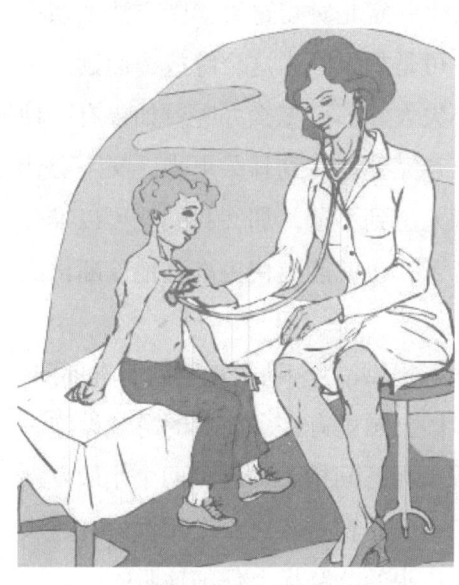

在医院里,医生有时要听病人的胸口,他们用听诊器聆听心脏跳动的声音,并将此作为医学检查的一部分。其实,在中国古代,大夫们就频繁使用"悬丝诊脉"的方法来为身份尊贵者或者异性患者看病了。

到了近代法国,医学家勒内克发明了一个类似于"悬丝诊脉"的物品,它不像丝线那么细长又不稳定,而是一种专门的医疗诊断器具,叫"听诊器"。听诊器是现代医学最常用的一种专业医疗器具。

勒内克发明听诊器的过程是一个有趣的故事。

一天,一位雍容华贵的贵族女士走进医院要求就诊,她面色苍白，举步维艰，气喘吁吁，看上去病得非常严重。勒内克接待了她。

贵族女士对勒内克说："大夫，我胸口疼得厉害，整个人都非常难受，连气也喘不过来。"

"你先不要紧张，让我用耳朵靠在你胸口上听一听，就可以知道你生的是什么病了。"勒内克严肃地对她说。

贵族女士羞红了脸，反驳说："不行，我是女人，你是男人，我们两个素不相识，怎么能够这么亲密？"说完，她就愤愤然起身走了。

勒内克想道："这位女士一定是觉得这种诊断方法太亲近了，所以才那么不好意思。可是如果因为这个缘故，而延误了她的治疗时机，无疑是因小失大，那可怎么办呢？如果有一种器械，可以直接将心脏的声音完整地传到耳朵里来，又不必让医生和病人的距离近得让病人感到不适，那么我们就可以准确地听到病人心脏跳动的声音了，也就能更快更准确地诊断出病人的病情了。"

因为没有及时为这位病人提供治疗，勒内克感到非常郁闷，便去医院附近的公园里散步。公园里有许多简单的游戏设施。

勒内克闷着头随意逛着，无意间抬头，看见两个小朋友站在跷跷板旁边玩游戏。他们一人站在一头，一个用铁钉在这头轻轻地划，另一个就趴在另一头的跷跷板上仔细地听。

勒内克觉得很好奇，走到这两个孩子的身边，微笑着问道："小朋友，你们这是在干吗？"

"听声音啊！"两个小孩异口同声地回答。

"听声音？这有什么好听的？"勒内克尝试着跟着孩子们一样，把耳朵凑到了跷跷板上，果然能清晰地听到另一头孩子划跷跷板的声音。

"原来，木头是可以传递声音的！"勒内克兴奋地联想道，"那么，我也可以把它放到病人的胸口，去听心脏的声音！"

勒内克连忙回到医院，他首先拿来了一块木头，把它放在别人的胸口。然后试探性地听了一下。嘿！在木块的那头，果真可以听到对方的心跳。后来，他干脆把实心的木块雕刻成了一根空心木管，经过改良后，医生就能够更加清楚地听到病人心跳的声音了。

这个经过改良后的空心木管就是世界上第一台听诊器。它是现代的内科医生脖子上挂着的听诊器的雏形。它的出现，标志着医学又向着成熟的方向前进了一大步。

14 不得天花的原因

"天花"是一种非常恶劣的传染病，传染十分广泛和迅猛，在18世纪中期的英国甚至全世界，这种疾病造成了非常大的影响。

天花的死亡率非常高，得了这种病的人，即使幸运地逃离了死神的魔掌，也会变得失聪、失明，一辈子残疾。即使幸运地没有残疾，也会留下一脸的麻子。

在英国，只要提到天花，所有人都会吓出一身冷汗。由此可见，这种病有多可怕。

由于每天都有天花患者相继死去，英国政府决定，不惜重金，也要找到治疗天花的方法。

爱德华·琴纳医生受命研制治疗天花的药物。他来到乡下，开办了一间小诊所，专门收治得了天花的病人。他准备以此为入口，不断积累经验，探索治疗的方法。

时光如箭，岁月如梭，不知不觉中三年过去了，但是对天花的预防和治疗还是没有什么进展。

一晃就到了1766年秋天，两个农场女工在与琴纳医生闲聊时说："琴纳医生，您知道吗？我们农场里还从来都没人得过天花呢。"

"从来都没人得过天花？"农场女工的话，对于经验丰富的琴纳医生来说无疑是开启成功大门的钥匙。他似乎看到了胜利的曙光，便马上询问了农场女工的农场地址和她们的工作内容。

"我们就在西郊的那个农场工作，我是挤牛奶的工人。我们都患过牛痘。"一位女工说，"也许是因为农场女工挤牛奶，得过牛痘，所以就不长天花了吧。"

"得了吧，那跟天花有什么关系？"另一个女工嘲讽了几句，"你以为全世界的人都会去挤牛奶啊？"

这句话，把琴纳刚刚产生的灵感彻底地抹杀了。

接着又是一个十年过去了，琴纳对天花的研究仍然没有一点进展，两名农场女工的话语好像又在耳边响起。

"为什么不干脆去农场看看呢？"琴纳想。

说干就干，琴纳立即赶到西郊的农场，并且不厌其烦地对农场所有的工人进行调查。

西郊的那个农场调查结论出来了——这里挤牛奶的女工没

有一个得过天花！但是她们都有患过牛痘的病史。相比较致命的天花来说，牛痘就是那些只会让身上痒上几天的小水疱。

"难道，感染牛痘康复后，人体产生的牛痘抗体，可以预防天花？"琴纳想，"要是能够把牛痘接种到人体之中，是不是人类就再也不会得'天花'这种可怕的传染病了？"

为了证明他的这个假设是正确的，他首先在动物身上做起了实验，实验出人意料地成功了。琴纳非常兴奋，为了证明这种方法对人体有效，而且不会伤害人体，琴纳在自己身上做了实验，他把高浓度的天花溶液接种到了自己身上！

实验成功了，琴纳因为体内有了牛痘抗体，所以并没有感染到天花。

琴纳激动极了，他把这个好消息告诉了妻子，并紧紧地抱住她，大声说："我成功了！我成功了！"他的妻子热泪盈眶，她为丈夫的成功鼓掌。

琴纳的伟大发明，使人类战胜了恐怖的天花疾病，生存得到了极大的保障。在1979年10月，世界上最后一名天花病人被治愈，这意味着天花这种疾病已经彻底地被人类击败了。而爱德华·琴纳的名字也作为一位伟大的医学家的范例，被永远载入了医学史册。

15 救命的人造血管

人造血管是人体血管的替代品，它的发明为人类身体和生理健康做出了很大贡献。

人造血管的发明者是美国化学博士鲍勃，他使用的基本材料是聚四氟乙烯，他能够顺利发明出人造血管还要仰赖于他的父亲。

1958年初，鲍勃的父亲戈尔放弃了杜邦公司优越的工作，投资创办了以自己名字命名的戈尔公司，主要经营用聚四氟乙烯做原材料生产的带状电缆。

尽管戈尔全身心地投入这家公司的生产和销售中，但产品并没有畅销多久便没有了竞争优势。在1969年的秋天，由于市场激烈竞争以及产品的需求量达到饱和，电线电缆业务急剧缩减。

"爸爸，不能再这样下去了，我们得在开发新产品上下点工夫！"鲍勃不忍心看着父亲整天苦恼的样子，便向他提出了自己的意见。

"开发新产品不是一件容易的事，要是能节省材料就好了。"戈尔对儿子说，"节省原材料就能提高利润。"

"对，要是能把现在的聚四氟乙烯拉长，把空气吸收到材料中去，又不影响材料的性能，那就能降低生产成本了。"鲍勃心里想。

然而，当时的科学技术还不能够把聚四氟乙烯大幅度地拉长。"真的不能再拉长了吗？有没有人试过呢？"知识渊博的鲍勃没有放弃自己的设想，"还是自己动手做做看吧。"于是他构思起来，"我可以把一根聚四氟乙烯放在实验室的烘箱里慢慢烘烤，然后抓住两端，轻轻地一拉……"

鲍勃按照自己的设想开始实验起来。虽然设想得很好，但是每次到了最后关头都是"啪"的一声，聚四氟乙烯断了。鲍勃很伤心，但是他毫不放弃，一直兢兢业业地进行着实验。终于有一天，鲍勃遇到了一个成功的机会。

这天晚上，鲍勃照例在做聚四氟乙烯的实验，拉一次失败一次，再拉一次再失败一次。鲍勃实在忍受不了一次次的打击，他恼羞成怒地抓起了聚四氟乙烯用力一拉，不料，一英尺长的聚四氟乙烯竟然被拉成了两臂那么长。

鲍勃终于找到了拉伸聚四氟乙烯的窍门，就是烤热后用大力气来拉。由于新的聚四氟乙烯管降低了生产成本，戈尔公司得到了丰厚的利润。

一天，鲍勃的父亲带领几个朋友参观鲍勃的实验室。一位医生朋友无意间看到了被拉长的聚四氟乙烯管，惊讶万分地问戈尔："咦，这是什么新玩意？"鲍勃告诉他，这是一种聚四氟乙烯管，只要有一定的热量和力度，就能够把它拉长。

"热量和力度？这和人的血管很相似。血是热的，血的流动是有力的，能不能用它来代替血管呢？"这位医生兴奋地问。

鲍勃立即说："大胆地试一下吧，要是成功了，那可是造福人类的事。"

后来医生就用这种管子在动物身上做了实验，成功地把老鼠的心血管连接了起来。接着他又在人体上进行试验，结果发现使用了这种管子之后，管壁上出现了小泡泡，这说明用聚四氟乙烯做成的人造血管强度还不够，经不住血压的压力。

为了攻克这个难题，鲍勃尝试着进行各种实验，终于把改良后的人造血管研制出来了。改良后的人造血管坚固、耐用且不伤害身体。

随着人造血管的问世，许多心血管病患者减轻了病痛，获得了新生。据1982年世界卫生组织的有关资料显示，全世界有37万多人使用了鲍勃发明的人造血管后，摆脱了病魔的纠缠，过上了幸福的生活。

第三章

食品的由来

食品在我们每个人的生活中都不可或缺。而你知道吗，这些我们司空见惯的食物中，也有着动人的故事。让我们看看为改造食物做出杰出贡献的科学家的故事吧，在那些美食的背后，是他们辛勤的汗水。

 高产量的杂交水稻

1981年,国务院在北京召开表彰大会,袁隆平荣获一枚特等发明奖章,他发明的"高产量水稻"备受世界瞩目。

1953年,袁隆平从西南农学院毕业,那时候,他还是一个充满热情和幻想的毛头小伙子。他自愿来到地处湖南省安江镇的黔阳农校当一名普通的老师,而实际上,他想在这里实现自己的梦想:培育出一种高产优质的水稻品种。从1960年起,他的研究思路渐渐明晰:"要想培育出高产优质的水稻,最好是培育出一种杂交水稻种子,让它在第一代展现最大的优势,从而极大地提高水稻的产量。可是,要培育出杂交水稻,首先要找到雄性不育的水稻植株。因为水稻是雌雄同花的自花授粉植物,在同一朵花上并存着雌蕊和雄蕊。只有找到雄性不育的植株,才能实现异花授粉,人工培育出杂交水稻。"

于是，袁隆平就全身心地投入高产量水稻的研制工作中去了。

1964年，稻田里的水稻又开始开花了。袁隆平像往年一样，在他的试验田里独自一人仔细巡视每一颗水稻。突然他的眼睛一亮："呀，这不正是我要找的水稻植株吗？"眼前的这株水稻，稻花内的雌蕊发育正常，雄花却呈现出干枯的样子……

袁隆平立即弯下身子，把这株与众不同的水稻植株小心翼翼地挖了出来，慢慢移植到试验盆里。同事们见了，都和他打趣说："小子，看你这么开心，恐怕是找到宝贝了吧？"

"是啊，它的确是宝贝。对我来说，它比什么都重要。"袁隆平得意地回复着。

后来他在这片稻田里又找到了三株同样的水稻，此时的袁隆平激动得说不出话来。他的直觉告诉他："高产量水稻的愿望就要实现了。"当天晚上，袁隆平一想到高产量水稻就要改良成功，就辗转反侧，难以入眠。

在有着几百甚至几千株水稻的茫茫稻田中，要找到一株雄性不育的水稻植株，这是多么困难的事啊——简直就像大海捞针一样！

然而袁隆平通过耐心观察和寻找，终于在一块稻田里找到了好几株雄性不育的水稻植株，这怎么能不让他兴奋呢？在这一年，袁隆平像对待婴儿一样培育着他的这几株水稻植株，亲自为它们浇水、施肥，并定期观察、记录，又用人工的方法将别的稻花采过来与它们杂交，从而成功地繁殖出第一代雄性不育稻种。

到了1971年，中国农业科学院在袁隆平的倡议下成立了"杂交水稻协作组"，全国各地的几百名农业科学技术人员在他的统筹指挥下，进行了杂交水稻改良品种的统一研究。

1973年，袁隆平的"杂交水稻"试种成功，新杂交水稻的亩产量达到500千克，晚稻亩产甚至达到了600千克。这在过去是做梦也想不到的高产水稻。1975年，全国的杂交水稻种植面积达5000亩，1980年扩大到8000万亩，袁隆平为中国水稻的大量生产和改良做出了杰出贡献，彻底解决了中国人民的"吃饭问题"。

由于袁隆平的杂交水稻有产量高、口感优良的特性，迅速受到了临国的关注，被引进到了柬埔寨、泰国等国家，之后便打开了国际大门，传播到了全世界，解决了世界人们的温饱问题。

2 好吃的臭豆腐

小朋友，你喜欢吃臭豆腐吗？臭豆腐虽然闻起来臭，吃起来却很香。关于它，还有一个鲜为人知的故事。

早在清朝康熙年间，一个名叫王致和的书生进京赶考。不幸的是，他落榜了。无奈之下，他在京城定居下来，靠干自己的老本行"做豆腐"来维持生计。他暗暗盘算着：我留在京城卖豆腐，既可以做生意，又可以在这里读书，用更好的精神状态来应对考试。

有一天，天气异常炎热，太阳火辣辣的，出门买菜、逛

集市的人非常少。王致和当天制作的豆腐有一大半没有卖出去，这使他非常烦恼。因为豆腐不像其他食品，只要放半天就会变质。王致和急中生智，他想："我可以把这些豆腐切成小块，加上盐和花椒，封进瓦罐里腌起来。这样，豆腐不就不会坏了吗？"

王致和说干就干，把豆腐淹了起来。过了两天，因为生意不好，他索性就把豆腐店给关了。

一直到秋天，才又有顾客上门来买豆腐，王致和的生意又红火了，他这才想起自己腌在瓦罐里的豆腐。可是，等他打开瓦罐一看，发现里面原来白花花的豆腐已经发霉变臭了，变成了青绿色，显然已经变质了。

"变质的东西是不能吃的，但是就这么白白地倒掉，不是太浪费了吗？"于是，王致和鼓足勇气尝了一口。出人意料的是：虽然这种豆腐闻起来臭，可是吃到嘴里却很香醇，还带着诱人的回味。

王致和非常高兴，他马上把这些"臭豆腐"分赠给街坊邻居。让他们来品味一下自己刚刚发明的"臭豆腐"。果然，街坊们都纷纷竖起大拇指，一再夸赞"臭豆腐"的美味。

臭豆腐既好吃，又便宜，深得老百姓的喜爱。到了光绪年间，慈禧太后品尝过臭豆腐后，觉得美味无比，为了纪念臭豆腐的独特美味，还特意为它取名为"青方"，并且把它载入了御膳房菜谱。而王致和的名字，也随着他的臭豆腐的流传而芳香永世。

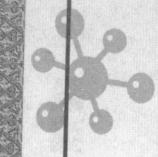

3 葡萄产地的救星

你们知道哪里的葡萄生产出的葡萄酒最著名、最爽滑可口吗?

现在,我们来告诉你一个世界上生产葡萄和葡萄酒最出名的地方——法国波尔多。

法国是全世界最大的葡萄酒产地,其中,波尔多市生产的葡萄酒是最负盛名的。那里的水土适合葡萄生长,工人的种植技术也非常高超,所以种出的葡萄特别适合酿酒,波尔多人也因此发了财。

可是,有一次,"露菌病"在波尔多的葡萄园中流行了起来。得了"露菌病"的葡萄渐渐枯萎,甚至有的果园颗粒无收。

波尔多人眼睁睁地看着即将丰收的葡萄感染"露菌病",然后枯萎了,他们心急如焚。很多植物学家来到这里考察,想尽办法帮助果农们解决这个让人头痛的问题。专家们四处察访,终于发现,在波尔多还有一处葡萄园没有受到感染,葡萄长势

非常喜人。

　　这个没有染上"露菌病"的葡萄园,是一个靠近马路的葡萄园。波尔多大学植物学教授米亚卢德从其他专家们嘴里听说了这件事,就亲自到那个没有感染的葡萄园去查询原因。

　　园主热情地接待了他,但是在询问了一些基本情况和参观了果园之后,米亚卢德没有找到一点线索。就在他想要回去的时候,园主突然告诉他一个很重要的事情,他握着米亚卢德的手说:"因为我的葡萄园紧邻交通要道,来来往往的人非常多,为了防止过路人偷偷摘取葡萄,我每年都会用石灰水粉刷葡萄架,还要用硫酸铜进行喷洒。"园主笑了笑,又说:"我的目的是让我的葡萄看起来很脏,又散发着石灰水和硫酸铜溶液的气味,让过路人和害虫都不喜欢它们,这样,就不会来吃我种下的葡萄了。不知道是不是因为这个原因而使我的葡萄园不会被'露菌病'感染?"

　　米亚卢德收集到了这条重要线索。他想:"把石灰水和硫酸铜溶液按一定比例配搭在一起,将他们充分混合后喷洒到葡萄上。当硫酸铜溶解后,产生了铜离子,这种铜离子不仅能杀死病菌,还可以使病菌不能繁殖。"

　　经过实验,米亚卢德的设想大获成功,"露菌病"被彻底赶出了波尔多城。

　　最后,米亚卢德研究出了一种最佳的配置比例——这就是我们现在常用的"波尔多液"。

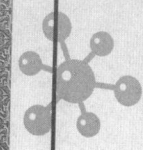

4 罐头的发明

你们喜欢吃罐头食品吗？是不是觉得罐头食品又新鲜又好吃呢？我们现在就讲一个罐头食品的故事。

在18世纪末期，法国的国王拿破仑行军打仗总会为士兵的食物发愁——在打仗时，士兵所食用的水果和蔬菜不到一两天就变质了。

于是拿破仑出了高价——12000法郎，悬赏一个能够解决蔬菜水果容易变质问题的方法。

多年从事蜜饯食品加工的普通商人阿贝尔跃跃欲试。遗憾的是，无论阿贝尔怎么做实验，都没有任何的收获。

1840年夏天，阿贝尔煮沸了许多水果汁，准备做甜点用。巧的是，面粉用光了，于是他把沸腾的果汁倒入玻璃瓶里，然后用木塞将玻璃瓶塞紧，之后，他就去做别的事情了。

过了一个多月，做甜点的面粉到货了，阿贝尔突然想起玻璃瓶里还有果汁。于是他尝试着用刀子撬开软木塞。令人不可思议的是：撬开木塞后，一股很浓的果汁香味扑鼻而来，没有一点馊味。这时，阿贝尔大吃一惊，他想："我也可以按照这个方法来保存其它食品。"于是，他将一些肉装进玻璃瓶里，蒸了两个小时，然后再用软木塞把玻璃瓶塞紧，最后，阿贝尔还在瓶口处涂了一层密封用的蜡。就这样，过了三个月，阿贝尔打开玻璃瓶，发觉玻璃瓶里的肉还是非常新鲜的。

阿贝尔终于如愿以偿地得到了那笔奖金。而拿破仑的士兵们也吃到了非常新鲜的食物。

后来，科学家们以阿贝尔发明的食物保鲜法为雏形，对其进行了改进，又发明了铝制的和铁皮制的罐子——也就是我们现在吃的罐头。

5 可乐瓶和百褶裙

众所周知，可口可乐是一种非常受欢迎的饮料。它既能止痛，又能解渴和提神，随便在哪个超市都能买到。

由于口感刺激，可口可乐受到了全世界人们的青睐。就在这时，可口可乐公司决定为自己公司的饮料制作一种全新的玻璃瓶，让顾客更喜欢它。

于是，可口可乐公司在各大媒体刊登了一则广告，广告的主要内容是征集玻璃瓶的设计，主要要求是："外观漂亮，不易滑手，整体感觉容量多。"除了广发英雄帖之外，可口可乐公司还准备了一笔巨额的赏金。社会各界人士都争先恐后地交出了自己的玻璃瓶设计方案。但出人意料的是，最终被选中的设计方案的作者，既不是设计师，也不是工程师，而是一位名叫路德的玻璃厂工人。

一次偶然的机会，路德在报纸上看到了可口可乐公司正在征集玻璃瓶的设计广告。他想："我天天都在跟玻璃瓶打交道，何不去参加一下，设计一个既漂亮又实用的可乐瓶呢？"

于是，他不顾家人的反对，跟工厂请了半年假，一心一意地待在家里设计玻璃可乐瓶，甚至因此冷落了心爱的女友。

就这样过了5个多月，他却连一张使自己满意的图纸也没有画出来。女朋友怜惜地看着沮丧的路德，打气说："嘿，路德，打起精神来，我还一直在你的身边呢，可不能放弃啊！"

路德听了这话，抬起头，注视着女朋友。只见她穿着一件漂亮的百褶裙，使她原本偏瘦的身材，看起来圆润多了。

"亲爱的，你别动！"突然，一个奇妙的构思闪现在路德的脑海中，"百褶裙的样子看上去非常美，如果我把中间设计成一个裙腰的样子，瓶子就不容易脱手了；裙腰上下的皱褶，又让可乐瓶看起来比实际装得多。"

他的设计以压倒式的优势击败了所有的竞争对手，被可口可乐公司成功采纳，也如愿以偿地得到了这笔丰厚的奖金。

直到现在，可口可乐公司还一直沿用路德设计的作品。

6 巧克力的诞生

1519年,西班牙殖民者科尔特斯率领的探险队进入了墨西哥腹地,他们披荆斩棘,跋山涉水,来到了一块高地上。队员们精疲力竭,斜靠在树旁休息。

恰巧有一队外出打猎的印第安人经过,为了表达对客人的友好,他们从行囊中取出一种植物的种子,碾成粉状,放到瓦罐中,加上水,用火烧了起来,在水沸腾后,又加入一些树汁和胡椒粉,制成了一种香气四溢的饮料,送给探险队员们喝。队员们喝了之后个个精神百倍,轻松舒适。

科尔特斯率领的探险部队凯旋归来后,将这种饮料献给了西班牙国王。这种饮料就是我们现在所说的可可饮料。厨师在制作可可饮料时,融入了西班牙人的饮食特点,用带有甜味的蜂蜜代替了树汁和胡椒粉。国王喝完后,赞不绝口,从此,整个西班牙掀起了一股喝可可饮料的热潮。随后,这种饮料传到了其他地方,风靡了整个欧洲。

众多商人看到了其中的商机,他们靠贩卖可可赚到了许多钱。西班牙的拉思科便是其中最成功的一位。他是一位聪明过人的经销商,经商多年,积累了丰富的经验,也赚了不少钱。有一次,拉思科在煮可可饮料时想:"嗯,这个可可饮料虽然好喝,可是煮着太麻烦了。要是能制成一种固体食品,脱去原来的苦涩味,既可以拿着吃,又可以用水冲着喝,那就太好啦!"

为了实现这个奇妙的想法,他做了许多实验,将可可浓缩、烘干、加蜂蜜调制,终于制成了固体可可,这就是巧克力。现在,巧克力已经成为最受欢迎的食品之一。

7 口香糖的由来

小朋友们,你们吃过口香糖吗?喜不喜爱它的味道呢?你们知道口香糖的由来吗?

从前,有一种树木叫"人心果树",它生长在墨西哥附近的尤达岛上。一天,一个顽皮的小朋友用刀割开人心果树的树皮。在割开的地方,慢慢流出一种汁液,黏黏的,可以黏住小昆虫。

当地有一位聪明的妇女,看到这个情况后很受启发。她想:

"我可以从人心果树上收集一些胶液,加入蜂蜜,做成胶质软糖,把它当成零食来嚼,说不定还能给人带来快乐呢。"

于是她就按照自己想象中的那样制作出了一种粉红色的软糖,供自己和村民们咀嚼。有意思的是:这种软糖入口不会融化,在咀嚼的时候很有弹性,而且不粘牙。更有趣的是:在嚼软糖时,一边嚼,糖会一边释放出微微的甜味和阵阵清香。

因为有弹性,一些妇女用它来吹泡泡。男人们觉得新奇,纷纷赶过来凑热闹。在咀嚼完以后,嘴里发出淡淡的清香,连刺鼻的烟味也没有了,这种糖甚至还帮他们把口腔清理干净了。

这就是口香糖的诞生过程,是不是很平常?实用的发明总是在琐碎的小事情中产生的,而且,它们的发明过程看起来是那么的平淡无奇,人们在发明的时候,并不会过多地去想结果,只是因为感兴趣而去做,这也是一种快乐。

8 好吃的方便面

小朋友们,你们爱吃方便面吗?是不是非常喜欢方便面鲜香的味道?你们知道方便面是怎么来的吗?

在古代,中国人发明了面条。到了奈良时代,面条传入了日本。很快,中国的面条就在日本风靡开来。美中不足的是,煮面条要花费许多时间。怎样能花很少的时间吃到美味的面条呢?人们积极地去探索着,直到20世纪,有个名叫安藤百福的面食作坊老板，产生了制作一种用开水一泡就能够食用的面条的想法。

安藤百福先从选料、用料开始着手。他试验了很多次，都以失败告终了，他寻找着解决的办法。突然灵机一动，他想："我为什么不把面团轧成普通的面条，把它蒸熟，然后再用佐料浸泡使之能够入味呢？"而实验结果证实，他的想法是可行的。

接下来要解决烘干和妥善保存的问题，日晒和风干的效果都不能让他满意。于是，他想到了用油炸方法来试着加工一下。"当把面食炸过之后，上面会有许多小孔，用沸水浸泡之后马上会变得松软，味道要比普通面条好得多。"他按照这个思路去做，果然又成功了。

1958年，安藤百福的方便面上市了，迅速被抢购一空，整个日本为之轰动。不久就在全世界流行开了。

9 狒狒的功劳

从前，在非洲南部高原的一片草地上，住着一群农民，他们世代以耕种和打猎为生，过着简单而幸福的生活，平淡又有规律。唯一美中不足的是这片草原是个干旱之地，降雨量很小，水资源匮乏。没有充足的水源灌溉庄稼，只能种一种耐干旱的植物，到了旱季，饮水便成了问题。许多人只能选择背井离乡，搬到自然条件比较好的地方去生活。

在那个草原上住着许多动物,狒狒也是其中一员。在和狒狒朝夕相处的一段时间里,居民们发现了一个很特别的现象:它们从来不会因为没有水喝而"搬家",这说明它们能找到水资源,或者是对水源特别敏感。于是,村民们想出了一个办法:"我们先将狒狒捉起来,喂给它们大把大把的盐,然后再将它们放走,我们跟在后面,就一定能找到水。"村民们成功了,被喂了大量食盐的狒狒口渴得发狂,像脱了缰的野马一样,沿着高低不平的小路飞奔到一个十分隐蔽的山洞里,扑向一股溪水,狠狠地喝了起来。村民们喜出望外,他们再也不用为水资源而发愁了,可以过真正幸福美满的生活了。

10 挂着烤的食物

朋友们,你们看到过挂式烤炉吗?你们知不知道,有许多好吃的食物都是挂着烤的呢?下面,我们就来说说关于挂式烤炉的故事。

有一名叫弗莱恩的汽车司机,每天努力地工作,收入却不多。他有一个聪明可爱的女儿,叫爱贝。爱贝聪明活泼,惹人喜爱,喜欢新鲜事物,总是想象各种稀奇古怪的事情。

故事发生在爱贝8岁那年。有一天,弗莱恩在院子里给家人烤肉,爱贝站在旁边歪着头看父亲的动作,一边看一边想事情。弗莱恩认真地烤着,一会儿翻转,一会儿又小心翼翼地擦掉肉上多余的油脂，以免肉被烤焦。

　　看着父亲忙碌的样子，爱贝突然想到了一个办法："既然这些溢出的油脂都是不需要的，那为什么不干脆让肉立着烤呢？这样油脂就会自然地往下滴，烤肉不就变得方便多了吗？"

　　爱贝将自己的想法告诉了她的父亲。弗莱恩想了想，高兴地说："是啊，宝贝！这么好的办法，我以前怎么就没想到呢？"

　　弗莱恩马上停下手里的活，跟女儿讨论起新式烤炉的设计。他们先画了一张草图，再反复研究，终于制造出了一台新式烤炉。使用这种烤炉，人们再也不用为那些溢出的油脂伤脑筋了。

　　后来，这种烤炉开始批量生产了，它很快走进了千家万户。弗莱恩一家也发了财，搬进了漂亮的别墅。

11 维生素的发现

　　在很久很久以前，爪哇岛上蔓延着一种怪病，叫"脚气病"。得了这种病的人，会浑身没有力气，走路也不方便。

　　为了治好这种病，医生艾克曼奉上级指令，来爪哇岛进行医学研究。

　　艾克曼到了爪哇岛以后，自己也感染了脚气病，他觉得非常痛苦。于是他发誓：一定要治好这种病。

　　艾克曼发现当地的鸡和人一样，也会得脚气病。经过反复思考，艾克曼得出一个结论：人是因为细菌的感染才得脚气病的，而鸡是因为吃了病人剩下的食物才得的病。可见，这是一个恶性循环的怪圈。

为了验证自己的想法，他养了一群鸡，希望利用这群鸡来寻找病原细菌。但不幸的是：他非但没有找到答案，而且那批做实验的鸡也全都患上了脚气病，这使艾克曼非常恼火。

有一天，事态有了转机，他所饲养的那批患有脚气病的鸡居然自己痊愈了。这可是个令人兴奋的好消息，艾克曼立即叫来饲养员询问情况。

原来，是饲养员偷偷地用廉价的粗粮代替了白米喂给鸡吃。

"会不会是白米喂鸡得了脚气病，给它吃粗粮病就又好了呢？"

于是他继续用鸡做实验，结果吃粗粮的鸡不会得脚气病，而吃白米的鸡却得了。

后来，艾克曼又在人群中做了同样的实验，结果与鸡相同，吃粗粮的人不会得脚气病，而吃白米的人都得了脚气病。

经过一段时间的努力研究，艾克曼终于得出了答案：在米糠里有一种重要物质，那就是维持生命所必不可少的"维生素"。

12 咖啡的由来

距今一千多年前,在非洲的埃塞俄比亚有一个叫凯夫的小镇,镇里住着许多聪明的牧羊人。

在一个阳光明媚的清晨,一位牧羊人一边唱着山歌一边放羊,不知不觉就来到了山坡顶上的一块新草地,那里的水草肥美,羊群美滋滋地吃了起来。直到日落西山,放羊人才把羊赶下山。

到家以后,他发现今晚的羊群有点异常,它们非常兴奋,像着了魔似的,不停地叫,不听话,不进羊圈,也不睡觉。

"是不是羊吃错了什么?"这下牧羊人可慌了,躺在床上翻来覆去。

第二天,牧羊人起了个大早,赶着羊群来到了那片草原上。

他经过仔细观察,发现这里有一种他没有见到过的矮树,树上还开着一朵朵漂亮的小白花,结着一个个深色的小浆果,而羊群特别喜欢吃它们的叶子。晚上,牧羊人发现羊群和昨晚的情形一样,不进羊圈也不睡觉。"难道是这种矮树有什么不同吗?"牧羊人一边想,一边打算再到那个地方去看看。

后来,牧羊人把羊群赶到了一个没有矮树的小山岭上,想看看羊群是否还有那种"兴奋"的现象。结果羊群晚上非常安静,个个都很听话,肯进羊圈了。

"毫无疑问,肯定是那一片灌木在作怪。"他决定亲自去考察一番。到了之后,他先尝了尝矮木的叶子,觉得味儿有点苦。接着摘下来几个浆果，放在嘴里嚼了嚼，又苦又涩，连忙吐了出来。他不肯就此罢休，又嚼了几个浆果，觉得味道虽然很苦涩，但是越嚼越神清气爽。

牧羊人一连尝试了好几天，感觉精神特别好。他一边嚼浆果一边想："这种灌木既可以提神，味道也还不错，如果把它做成食品，肯定会很受欢迎的。"

他因为发现了这种神奇的植物非常得意，立即把这个消息告诉了所有的人："吃了这种浆果可以提神，而且口感好极了。"人们听了他的话，都去采摘这种果实来吃。结果一传十，十传百，这件事迅速传遍了整个村庄。后来，人们用村庄的名字给这种矮树命名，叫作"凯夫"，"咖啡"便是它的谐音。从此，人类又多了一种饮品，那就是"咖啡"。

13 好吃的三明治

三明治是一种非常好吃的食物，除了口感香嫩软糯、可以用手抓着吃之外，它还有方便随身携带的特点。它为什么叫"三明治"呢？

在英国东南部，有一个小镇叫三明治市，在以这个名字给食物命名之后，小镇便闻名全球了。

在三明治市，有一位出身贵族的伯爵，他家财万贯，衣食无忧，整天无所事事，游荡在赌场。他深深地迷恋着赌博，只要站在赌桌旁,他就无法挪动脚步。

有一天,这位伯爵饿得肚子都咕咕乱叫了,但还是不愿意离开赌桌。没有办法,最后,他只能放下手头的筹码,回家吃饭去了。他边吃边想:"饿肚子会打断赌博兴致,能不能发明一种又方便又能填饱肚子的食物,不用刀、叉和碟子,用手抓着就能吃?这样就不会因为吃饭而影响赌博了。"于是伯爵喊来了厨师,吩咐他去做自己刚刚想到的这种食物。

第二天中午,厨师按照他的要求制作出了这种食物,伯爵一边津津有味地往嘴里送,一边站在赌桌旁观察战况。

"真好吃!你是怎么做出来的?"伯爵问。"我将面包切开,夹入美味的肉类和蔬菜就可以了。"厨师回答道。

伯爵灵光一闪:"要是那样的话,这种食物不就可以给所有忙碌的人吃了么。它既方便又好吃,可以节省下很多时间。"

于是,伯爵让厨师多做了一些,送给赌场的朋友品尝。朋友们一致认为:这个食物非常好吃。

伯爵立即开了一家快餐店,专门出售这种食物,为了纪念自己的故乡三明治市,他给这种食物取名为"三明治"。

从此,三明治就作为一种美味又便携的快速消费食品在全世界流行开来,得到了喜欢美食又要节约时间的朋友的青睐。

14 圣代的产生

在闷热的夏天，吃冰淇淋是最消暑的。

在唐宋时期，我国劳动人民发现，制造火药的硝石溶解于水中会吸收大量的热，可以使水降温，甚至结冰。于是有些皇室贵族在夏天也能享受到冰凉可口的冰块。

元朝时期，著名的意大利旅行家马可·波罗来到了中国，学会了这种技术并带回了本国，从此，意大利人便可以在夏天喝上冰凉的饮料了。

到了 15 世纪，法国皇后卡特琳特别爱喝冰饮。她的厨师是一个能工巧匠，设计了一款加上奶油、牛奶和各种香料，在冷冻的半固体状态下刻下美丽花纹的冰淇淋，专供皇后享用。

后来，一位叫卡尔罗的商人设计了一款具有黄、绿、白等漂亮颜色的"三色冰淇淋"。

接着，美国商人史密森先生又突发奇想，把原先的"三色冰淇淋"改造成了我们现在吃的巧克力圣代。

故事是这样的：

那是一个轻松愉快的星期天，天气炎热，史密森的冰淇淋店前面排着长长的队伍。

"老板，冰淇淋不多了，只有些还没加工的冰块儿。"店里的伙计向老板史密森小声说。"什么，卖完了？"史密森又惊又喜，"再弄些呀，不然这些顾客怎么办？"伙计为难了。"瞧，用这个代替。"史密森灵机一动，在剩余的冰块中掺进了一些巧克力和水果汁，并搅拌均匀，成为一种色、香、味与众不同的冰淇淋。当伙计战战兢兢地把"掺了假"的冰淇淋售给顾客时，他们赞不绝口，称赞这种新产品好看又好吃。

第二天，有些顾客还排着队要购买昨天的那种冰淇淋。史密森大喜过望，立即按照昨天的配方制作了冰淇淋，并给它起了个名字，叫"星期天冰淇淋"，以纪念给自己带来财运的星期天。可是，想不到这名字一公布就遭到了教会的反对，说这一天是耶稣的安息日，用这个名字是对耶稣的亵渎。于是，史密森把名字改成了"圣代冰淇淋"。

虽然，现在冰淇淋的品种越来越多、口味越来越丰富、口感也越来越好，但是史密森的圣代冰淇淋仍然是最受欢迎的几款产品之一。

第四章

工具的创造

　　在进化的过程中，学会使用工具，是人类迈出的空前巨大的一步。纵观人类的发展历史，其实也就是工具的创造和改进的历史。随着人类不断地改良自己使用的工具，我们不断地开阔视野，扩展活动区域和认识范围。毫不夸张地说，正是工具，带给人类进步的契机。

 穿错了裤子的结果

你有没有见到过海军服呢？白色或蓝白色相间的上衣，肥大的蓝色裤子，无檐帽后面系着两根黑色飘带，在碧水蓝天之间随风飘荡……身穿海军服的水兵们显得格外俊逸，像一群自由自在的海上精灵。

全世界的海军服大同小异：海军服的裤子都很肥大，前裆没有开口，腰部两侧的衩也是用扣子紧紧连在一起的，裤腿非常粗，完全是按照女裤的式样设计的。这又是为什么呢？这样的设计自然有它存在的道理。海军服的诞生，与一次海战有密切联系。

1713年，英国的一位普通海军军人约翰·卡尔跟随舰队来到了一座军港。恰巧，他的家就在军港附近，他请示上级后便回家探亲了。一天深夜，一阵紧急出航的汽笛声，打破了睡梦中的约翰·卡尔的美梦。被惊醒的他立即穿上衣服，火急火燎地向军舰方向狂奔。

慌忙中，约翰·卡尔居然穿上了妻子的裤子。水兵们看了，都情不自禁地盯着他发笑。约翰·卡尔也发现自己穿错了裤子，又羞又气。

军舰在大海上乘风破浪，航行了一段时间，突然遭到了敌

人潜艇的攻击。约翰·卡尔所在的军舰被一颗水雷击中了。军舰眼看就要下沉，水兵们为了逃生，纷纷跳进大海。

约翰·卡尔游泳技术不高，一掉进海水里就惊恐地乱抓乱蹬，几下子就把穿在身上的那条裤子蹬了下去。这条肥大的裤子充满了空气，漂浮在水面上，约翰·卡尔疯狂地抱住充满空气的裤子，就像抱住一个救生圈似的，在海水浮力的作用下，浮在了水面上。

在海面上漂浮了17个小时以后，精疲力尽的约翰·卡尔终于获救了，而其他32名海员全部罹难。

"妻子的裤子救了我！"在采访中，约翰·卡尔不断告诉记者。记者激动地记下了约翰·卡尔得救的整个过程，并以"妻子的裤子救了卡尔一命"为题发表了一则报道。很快，约翰·卡尔因为穿错裤子而侥幸存活的事便传遍了整个海军，影响很大。英国政府决定立即组织有关方面的专家，对这条"有功之裤"进行彻底、权威的研究。

专家们在研究时发现："这种女裤用扣子连接两边的衩，在水中容易脱落，而且肥大的裤管在垂直落水时能够迅速充满空气而鼓起来，成为名副其实的'救生气垫'。这种女裤，还能又快又好地卷起来，在做冲洗甲板等活儿的时候极其方便。"

专家们经过严谨的论证后，便向英国海军总部提出建议：对现有的女裤样式再做进一步的改良，以改良后的女裤为模板，制造统一的海军裤和海军服。英国海军总部开会讨论了专家们的意见和建议，一致通过了这一方案。

在众多科学家的共同努力下，英国终于研制出了新一代的"能救命的"海军服。这种新式海军服率先成为英国海军的军装。不久，英国制造出了第一批新式海军服的消息不胫而走，其他国家的海军也纷纷效仿。过了一段时间，这种新式海军服便在世界上流行开来，一直延续至今。

可以说，海军服的发明翻开了海军发展的新一页。

2 皮鞋的诞生

有这样一个国家，那里的人们是不穿鞋的，他们走路时都光着脚。这个国家的国王是个明君，非常爱惜子民，经常亲身体验民间疾苦。

有一次，国王前去与邻国的国君会面，路上突然下起了瓢泼大雨，耽搁了几天。

几天后，烈日当空，国王带着随从继续前行。由于刚下过雨，泥路上有一些动物踩过的深脚印，坑坑洼洼，在太阳光的暴晒下，就如同狼牙一般，尖锐刺脚，再加上路面上有许多碎石头，国王的脚被扎得火辣辣的疼，甚至磨出了血泡。

回到皇宫后，国王立即召集大臣，开了一个紧急会议，下了一道圣旨，要将全国所有的道路都铺上一层牛皮。

大臣们摸不着头脑，纷纷询问国王这么做的原因。

"这还用问吗？这是为了造福人民，让他们走路时，不再受刺痛之苦。"国王解释说。

可是大臣们感到非常为难：就是杀光国内所有的牛，也筹集不到足够的牛皮呀，况且这需要动用多少人力啊。

这时候，一位年轻的大臣提议说："如果用牛皮来铺路的话，既费时间又浪费钱，而且容易被风雨腐蚀，更何况，我们也没有那么多牛可以提供牛皮。还不如用两块小一点的牛皮把自己的脚包住，然后穿着它在路上行走，这样不就解决问题了吗？"

国王一听，大喜过望，连连称赞这位大臣具有超出常人的智慧。然后，制作了许多这样的小块牛皮——这就是我们沿用至今的皮鞋的由来。

3 舒适的耐克鞋

耐克鞋是我们经常穿着的运动鞋之一，它既有弹性又防潮，深受人们的喜爱。

这么精美的耐克鞋是怎么产生的呢？它是由美国俄勒冈州立大学体育系的一位名叫威廉·德尔曼的教授发明的。威廉·德尔曼是一个聪明的人，他十分喜欢观察事物，富于想象。

一天中午，威廉·德尔曼陪着妻子在家里做午饭。他注意到妻子在烤饼时，是用传统的、带有一排排小方块凹凸不平的铁板来压的，这样做出的饼既好吃，又很有弹性。这引起了他的兴趣，他想："如果用做饼的方法来做鞋底，把烤过的橡胶压上去，鞋子不就更有弹性了吗？"

他觉得这是一个改进运动鞋弹性的好时机，于是他把自己看到的和想到的记录在了纸上，然后就做了一个小实验。

他抱着试试看的态度，拿来一块烤过的橡胶钉在妻子的鞋底上，让妻子走两步试试看，妻子穿着被威廉·德尔曼改进过的鞋子，感觉非常舒服。威廉·德尔曼自己也做了一双，试了试，感觉非常不错，穿在脚上既轻快，又富有弹性。

威廉·德尔曼的第一步成功了，他欣喜若狂，一头扎进了实验室做起了实验，这次的试验较之前的更为专业。功夫不负有心人，他终于研制出了一种既富有弹性又能防潮的运动鞋，这就是耐克运动鞋的前身。

现在，耐克运动鞋已经成为世界上最受欢迎的运动鞋品牌之一。

④ 牛仔裤是伪劣服装吗

在19世纪50年代，世界各地发起了到美国淘金的热潮。在这些做着黄金梦的淘金者里，有一位名叫李维·施特劳斯的德国人。

他告别父母，只身一人来到了美国。可是到了美国后，发现事实并没有他想象的那样简单，在那里并没有想象中的大片黄金，几个金矿早已经人满为患，大批赶来的淘金者像蚂蚁一样，密密麻麻，漫山遍野。

"花了那么多路费，千里迢迢地来到这儿，难道就这么两手空空地回去吗？"施特劳斯非常苦恼，他一直在思索着要做出点成绩来才回老家。

李维·施特劳斯呆呆地坐在路边，他望着熙熙攘攘的人群，突然眼前一亮，心想："这些淘金者和牛仔们要生存，需要大量的生活用品，我要是开一家杂货店，一定能赚钱。"

说干就干，第二天，李维·施特劳斯就在金矿附近开了一家小杂货铺。结果正如他所想的那样，每天都有顾客来光顾，真可谓门庭若市，十分火爆。

一天中午，几个淘金者和牛仔们买了几瓶酒，在他店里边喝边聊。一个牛仔非常苦恼地指着身上穿着的裤子说："你们看，这裤子的布料实在是太差了，刚买的还没有穿几天就磨坏了。"

李维·施特劳斯是个非常具有经商天赋的人，听到他们的话，立即想："如果能扩大杂货店的经营范围，引进一些结实耐磨的布料，进行服装加工，多好啊！"

果然不出所料，李维·施特劳斯做出的第一批裤子刚摆出来，就被顾客疯抢一空。但是令人烦恼的是，尽管制造裤子的布料已经用完了，但还是有很多顾客前来订货，而且时间非常紧迫，必须在三天内完成任务。

"怎么办呢？进货是来不及了。"一向诚实守信的李维·施特劳斯陷入了进退两难的境地，"对，把仓库里用来做帐篷的帆布拿来做裤子吧。"他马上来到仓库挑选布料。可是仓库的帆布数量也很有限。他大失所望，"唉，现在实在是没有办法了呀，"他想，"只有偷工减料，将裤裆做短一点儿，裤腿做紧一点儿了。"

就这样，李维·施特劳斯紧赶慢赶把裤子按期完成了。三天后，这批"伪劣商品"被顾客取走了。他做了最坏的打算：如果有人要退换货，就低价卖给别人。

过了几天，人们都来找李维·施特劳斯，他以为是找他算账的，吓得不敢出门。可是没想到，他们不是来退货的，而是订货的："这种裤子不仅耐磨，而且穿起来非常舒服，大方又得体，非常便于牛仔上下马。"

因为这种裤子非常适合牛仔们穿，所以人们就称这种裤子为"牛仔裤"。

5 旱冰鞋的由来

旱冰鞋是一种改良过的溜冰鞋，它为许多溜冰爱好者们带来了无穷的乐趣。

"为什么老想着溜冰场呢？到处溜达溜达不也挺快乐的吗？"在冬天的一个早晨，一位朋友在与杰克闲聊时抱怨道。

杰克是美国一个普通的小公务员，他每天都一头扎在文书抄写工作中，生活枯燥无味。对于他来说，只有节假日到溜冰场去溜冰，才能使他开心。

可是就算去最普通的溜冰场，门票价格也不菲，杰克频频光顾溜冰场，挣得的工资还不够溜冰用的呢。因此，他非常苦恼。

杰克喜欢冬天，在那个时候，他可以享受免费溜冰。可是在春、夏、秋三个季节，就只能去溜冰场了。

杰克思索了半天，他决定想个办法，既能四季溜冰又不花费很多费用。

这时候，朋友的一个"溜"字使杰克眼前一亮，他灵机一动："溜冰溜冰，不就是一个'溜'字嘛！想一个办法在马路上溜来溜去，就行了。"接着他又想，"要是在鞋子上安装滚轮，就能在地面上溜冰了。"

杰克购买了一双鞋和一些塑料轮子，将它们组装起来，又进行了一些改良，就这样，世界上第一双旱冰鞋诞生了。

为了测试这双旱冰鞋的性能，杰克穿上鞋子，在水泥路上试滑，非常平稳，居然和在溜冰场里的感觉相差无几。

他立即向专利局申请了专利。

很快，杰克发明的旱冰鞋风靡了全世界，成为众多溜冰爱好者的必备装备。

 刺绣带来的启发

小朋友们，你们喜欢画画吗？我们现在就来讲一个有关画画的故事。

在很久以前，有一个小孩名叫阿明。阿明画画得非常好，经常受到老师的表扬。

有一次,美术老师布置了一个作业,要求同学们画农家小院。阿明坐在自家的院子里,拿出纸和笔,开始画眼前的景象。

"画得真好!"站在一边的爷爷忍不住称赞道。

阿明被爷爷的夸赞声吓了一跳,还没有来得及收画笔,就把一小块颜料滴在上面了。

"爷爷,都是你不好,把我的画弄脏了,你赔你赔。"阿明委屈地说。爷爷看着可爱的小孙子,抱歉地说:"爷爷刚才看你画画看了很久,等你画完才说话的。不信,爷爷赔给你一根冰棍怎么样?"

过了一会儿,阿明啃着冰棍问爷爷:"那我们现在怎么办呀?"

爷爷说:"当你面对无法改变的事物,感到无能为力的时候,就要从改变自己的想法做起。"

这时,阿明顺手拿出妈妈给的绣着自己名字的手帕来擦鼻子。突然他灵机一动:"妈妈曾经说过,她小的时候如果衣服穿破了,就直接在破的洞口处,绣一朵小花,不仅能遮掩洞口,还非常漂亮。"

阿明低头看了看自己的那幅画,发现这个小点正好在院子门口。挠了挠头皮,突然有了一个想法:"为什么不画一只小狗呢?小狗在院子门口看家,这是很常见的事。这个小圆点就是小狗身上的斑点,画上一只斑点狗在门口看家,不是反而更有生气吗?"

上学后,老师给阿明的画打了很高的分数,还表扬了他观察仔细,作品活泼生动。

7 受欢迎的人造丝

生产人造丝是许多科学家的梦想，早在很早以前，人类就渴望能像蜘蛛那样吐丝，用于纺织。

早在18世纪30年代，法国科学家卜翁就对蜘蛛吐丝做过专门的研究，并把上万只蜘蛛的丝液抽成丝，织成了一副手套。但是令人遗憾的是，这种蜘蛛丝很容易折断，稍微加热就会熔化，而且需要那么多的蜘蛛丝才能织出一幅手套。这样的投入实在是毫无利益可图。

1884年的一个偶然机会，柴唐纳加入了人造丝的研究。柴唐纳是法国科学家，工作之余喜爱摆弄照相机。

一天晚上，柴唐纳习惯性地走进自己的暗室里冲洗照片。不经意间，他发现底片竟然溶解在由酒精和乙醚的混合溶液中，形成了一种黏稠液体。

"咦，这是怎么回事？它能不能做成人造丝的材料呢？"柴唐纳心中又忐忑又欣喜。他轻轻地搅拌着，仔细观察着这种混合液的反应，他想："科学界至今还没有人造丝的方法。底片是用不完全的硝化纤维制成的，而硝化纤维里含有桑叶、棉花等物质含有的成分，说不定，这些物质能够造出人造丝。"想到这儿，柴唐纳涌起一股创造激情，他决定顺着想法付诸行动。

于是，他使用针管把这些液体吸进去，再轻轻地往外挤，针头里果然喷出了一根长长的细丝。他用手轻轻地一拉，嘿，真结实！柴唐纳手里握着这根长长的细丝，深有感触地说："我终于制造出世界上第一根人造丝啦，这是多么难得的一刻！"

但是当时的人造丝非常原始，硝化纤维是一种制造炸药的材料，用它来制造人造丝相当危险。柴唐纳把自己关在实验室里，一刻不停地对这个课题进行研究，经过了多次试验，终于制成了一种十分安全的硝化纤维。

1889年，伦敦国际博览会上展出了柴唐纳造出的人造丝，受到了人们的广泛关注。两年以后，柴唐纳筹集资金，创办了世界上第一个投入生产人造丝的工厂。

8 西服的设计

西服大方得体，做工精细，笔挺潇洒，是众多场合中的首选衣物。人们穿上它之后变得精神百倍、尊贵高雅。因此，西服得到了全世界人们的青睐。

那么你们知道西服是谁发明的，又是谁改良形成现在我们看到的款式的吗？现在，我们就回顾一下西服的由来和改良过程。

第一个发明西服的人是贵族青年菲利普。菲利普有一个嗜好，就是钓鱼。

有一次,他踏上捕鱼船,跟随渔民到大海里钓鱼。他将鱼钩抛到大海中,耐心地等待着。不一会儿,有一条大鱼上钩了。菲利普一边竖起钓竿迅速收线,一边目不转睛地盯着水面,一条活蹦乱跳的大鱼露了出来。他用力一拉,"啪"的一声鱼被拽到了船舱。由于用力过猛,他上身的衣服坏了,掉了两粒纽扣。菲利普很不高兴,虽然钓到了鱼,但是衣服坏了。他看到身边的渔民都钓了许许多多的鱼,可是没有一个人的衣服因此坏了。他们穿的是敞领少扣的制服,非常轻便,在捕鱼的时候能伸展得开,不会掉落一粒纽扣。"这种紧领多扣的衣服好像不太适合钓鱼,"菲利普想,"既然渔民们的制服轻便又活动得开,我为什么不照着他们的式样多做两件,自己穿呢?"

于是他立即回家,吩咐裁缝们按照渔民制服的样式设计出一款新型服装。由于它轻便又便于活动,很快流行开来。这就是西服的雏形。

第一个给西服后面开衩的是约翰。

约翰是英国伦敦一名贵族的车夫。在他生活的时代,盛行西服。贵族们为了炫耀自己的身份,常常让马车夫也跟着穿西服。

令人懊恼的是:这种西服穿在马夫身上非常不利落。因为衣服前襟短后襟长,车夫们赶完马车都会把后襟坐得皱巴巴的,

然后回到家都要把西服熨烫一番,非常麻烦。

于是约翰想:"能不能设计出一款不用频繁熨烫的衣服呢?这样,我在赶马车的时候就坐不到后襟了。"经过反复观察,他决定把西服的后襟剪开,形成一条小衩。试穿后觉得还不错,非常方便。就这样,后襟剪开式的西服诞生了。

约翰的主人看到约翰穿着一套行动方便的西服,看上去很精神,就觉得这很时髦。又想到自己需要经常骑自行车,也应该备上一套,上下车方便又不会坐皱,于是就找裁缝为自己做了一套和约翰一模一样的衣服。后来别的贵族看到这款新式西服都非常喜欢,竞相模仿。渐渐地这种后面开衩的西服流行起来了,燕尾服就是由此得来的。

普鲁士国王腓特烈二世是一位颇负盛名的皇帝,他也是第一个给西服袖口上加扣子的设计者。他对战争异常地热衷,野心勃勃,一心想发动战争征服世界,自称为"军事天才"。

有一次这位皇帝按照惯例检阅士兵,在检阅时发现将士们的袖口上都脏兮兮的,而且磨得油光锃亮,十分生气地呵斥道:"这是怎么回事?你们还懂不懂卫生,这是什么军容?"

一名军官见状,赶忙跑到国王面前说:"报告陛下,士兵们在前线打仗非常艰苦,即使是在平时的训练中,也没有时间掏出手帕擦汗,所以只好用袖口来擦一擦了,请陛下原谅。"

"嗯。"国王点了点头,然后回到了宫中。他想:"我虽然理解他们非常辛苦,但是这个习惯很不好,多影响军容啊!有什么办法可以强制改进呢?如果在袖口上缝几个金属扣,士兵们擦汗时就会很别扭,因为很不舒服,稍不注意还会划破脸,渐渐地可能就不会用袖口擦汗了。"

普鲁士国王腓特烈二世考虑了好长时间,终于决定按照自己的想法制作出一批袖口带有扣子的西服来，然后命令所有的士兵全都穿上。这样，看上去既美观又十分简洁。

看到普鲁士士兵们穿上了由国王亲自改良的新款西服，贵族们觉得既美观又大方，便竞相模仿。从此，带扣子的西服便传播开来。逐渐地，西服在全球风靡起来。

9 可以自己包扎的创可贴

人们在受了小面积创伤的时候，只需要把创可贴贴在伤口处，就不需要到医院去包扎了。这样既能及时处理创口，又能够省去许多麻烦，使人们成功地包扎好自己的创口。

那么这种小巧而实用的创可贴是怎么发明出来的呢？创可贴的发明，还与一对夫妻间的爱情有关呢。

美国人埃尔·迪克森发明了创可贴；但埃尔·迪克森既没做过医生也没做过护士，他只是一名普通的公司职员。

在一个美丽的夏天，迪克森认识了一个女孩，在一段时间的交往后，他们结成了夫妻。

刚结婚不久时，迪克森的太太还不太会做饭，经常因为切菜而划破手指。深爱着妻子的迪克森非常心疼。每当太太不小心切到手指，迪克森就会精心地帮太太包扎。

"如果我不在家，那谁来替你包扎啊？"迪克森一边给妻子包扎，一边说。

"一定要想一个方便、快速、高效的包扎办法。这样,太太一个人也能够给自己包扎了。"迪克森不断地想。

一天晚上,迪克森闲而无事,拿起纱布和绷带,开始研究起来。

他先将绷带剪下一条,涂上胶,平铺在桌面上;然后取出一部分纱布,折叠成纱布垫,放到绷带中间;最后盖上粗一点、硬一点的纱布。完成这个可以为自己包扎伤口的新发明后,迪克森决定先在自己身上试试。他把这个新玩意贴到自己的手指上,结果惊喜地发现,真的可以轻松地贴上去又撕下来呢!

又过了几天,迪克森夫人在煮饭的时候,又一次划破了自己的手指,那时候迪克森不在家,她就用丈夫为她准备的新玩意,自己进行了包扎,既方便又及时,而且十分安全。等迪克森回家的时候,夫人非常高兴地把这件事告诉了迪克森。迪克森激动地握着妻子的手说:"只要你安全,我就非常开心了。"这么一个小小的创可贴,却充分地表达了迪克森对妻子的绵绵爱意。

后来,为了让那些"胶"不会因为暴露在空气中太久而失效,迪克森又非常认真地把它重新地研究了一下,做成了改良后的新产品。就这样世界上第一块创可贴就诞生了!

埃尔·迪克森发明的创可贴,安全方便,是当代医学史上的一项重要的发明。

另类的创造

10 剪彩的由来

如今，在许多重要场合，特别是开业典礼上都要进行剪彩活动。作为一种活动仪式，剪彩的过程非常重要。那么，剪彩这种活动仪式，是怎么产生的呢？

它是威尔斯——美国的一位百货公司的老板发明的。

早在1912年，威尔斯在美国圣安东尼奥市的华狄密镇，开了一家规模较大的商场。经过各个方面的筹备，威尔斯挑选了一个好日子，准备开张。

为了这次开业，威尔斯准备了一个隆重的开业典礼。他想："怎样才能一炮打响，吸引更多的人呢？既要让人知道我的百货公司的商品琳琅满目，又要有些神秘感，把行人都吸引来，让人们想进来看看。"

威尔斯闭着眼睛在心里盘算着："我可以将百货公司的大门用一根布带拦起来，然后把门敞开着。这样，门外的行人就只能若隐若现地看到里面的商品，又不能进去，这样就能达到让人越聚越多的目的。待一切准备就绪，再把大门打开，自然就形成了人流'火爆'的场面。"威尔斯想到这里，不禁嘿嘿地笑出声来，晚上，他辗转反侧，越想越兴奋，觉都睡不着了。

开业这天清晨，威尔斯特意安排员工，把大门用一根布带拦了起来。果然，到商场门前看热闹的人越聚越多，人山人海。

门内的工作人员也在紧张地忙碌着……

突然威尔斯老板女儿养着的那只哈巴狗从门里往外跑,只听"哗"的一声,小狗把那根拦在门口的布带"撕"成了两截,门外的顾客霎时像海潮一样涌入了商场。

威尔斯老板被眼前的场景惊呆了。

训练有素的工作人员立即投入了工作,纷纷走到自己的岗位上,本来是来看热闹的人群开始争先恐后地购买商品……

看着商场热火朝天的景象,威尔斯激动得手足无措。他为自己的想象而庆幸,也很感谢那只惹了祸的小哈巴狗。

威尔斯的商场生意欣欣向荣,这都是开业时,那只小哈巴狗的伟大"贡献"。

后来,威尔斯的第二家公司也筹备完毕。他再次想起了那根布带,想起了惹祸的狗。他根据上次的情景想出了一条妙计:"如果我把布带做成了彩带,请当地有名望的人来剪断彩带。这样,既能招徕更多的顾客,又能提高自己的名望和地位,可谓一举多得。"

威尔斯按照自己上次的想法,把布带做成了彩带,还邀请了当地有名望的人来剪断彩带——这个办法果然起到了预期中的效果。威尔斯的第二家商场也红火起来了。

于是,各地的商人纷纷效仿,在开店仪式中,添加了"剪彩"的环节。直到如今,世界各地的许多重要场合,特别是开业典礼上,都要进行剪彩活动!

11 信封的由来

在很久很久以前，世界上是没有信封的，在那个时候，人们写过木头信、泥版信、纸草信、蜡版信、兽皮信、树皮信等等。为了使信的内容不泄露出去，寄信的人往往会用皮条、绳子等物品来捆扎这些原始的信件，然后再把信件寄出去。

过了很长一段时间，人们对信件进行了改良，他们用火漆封口或者加上检木，粘上黏土，盖上印章后让专人递送。这样的信件其实是很没有保障的，信里的内容很容易就会暴露，实在是无法起到保护隐私的作用。

让人一筹莫展的是：如果这是一封军事情报的话，那就是关乎国家安危的大事，它时时刻刻地关系到战争的成败，怎么能用这种没有保障的方法递送呢。

到了 19 世纪，英国有一位叫布鲁尔的商人，他在海边的闹市区开了一家小小的书店，并且兼营代客发信的服务。

在一个炎炎夏日的中午，几个来海边度假的女士急匆匆地赶到布鲁尔的店里，询问有没有封套之类的东西。因为这些女士想给她们远在他乡的的情人写信。这些信里的内容是十分私密的，她们不愿意让人知晓内容。这些女士纷纷要求布鲁尔在寄信的同时，为她们加一道"保密措施"。

可是怎样才能达到这些女士的要求呢？布鲁尔冥思苦想，就是没有一个可行的好办法。

一天，鲁尔盯着柜台里摆放的信纸看，忽然灵机一动："我

可以按照信纸的尺寸，做一批带封口的封套，携带方便，而且也可以保护信纸，一举两得！"于是，布鲁尔就按照自己的想法做出了世界上第一批带封口的信封。

1820年，这种带封口的信封受到人们的广泛认可，人们开始正式地批量生产这种带封口的信封。

1844年，在英国首都伦敦，工程师设计并且制造出了世界上第一台糊信封的机器。

在我国，从1979年开始便规定了民用信封尺寸的标准，并对它进行大力推广，提倡广大人民群众到邮政局去投递信件。

现在，中国的《邮政法》规定："任何单位及个人私自拆开他人信件，均属于违法行为。"就这样人们的隐私权得到了保护。

12　洗衣机上的吸毛器

从前，有一位名叫邵喜美贺的日本妇人，和大多数的日本妇女一样，是一名家庭主妇。但是她可不是一般的家庭主妇，她是极具发明才能的主妇。她因为发明了洗衣机上的吸毛器，而一举成名，成为日本妇孺皆知的人物。

在用老式的洗衣机洗完衣服后，衣服上总是沾着小棉团之类的东西，它们会把刚洗好的衣物弄得脏兮兮的，所以这就成了洗衣机制造厂家的一个棘手问题。

有一天，绍喜美贺在用洗衣机洗衣服时，猛然间想起了自己童年在农村山冈上捕捉蜻蜓的情景。她想："小网既然可以网住蜻蜓，那么在洗衣机中放一张小网，是不是也可以网住小棉团之类的杂物呢？""洗衣机上的吸毛器"的构思充斥着绍喜美贺的头脑，"我把小网挂在洗衣机内，洗衣服时，水不停地转动，衣服也跟着转动。这样，小棉团之类的小东西就会附着在兜网上，洗完后用手在小网兜里一捞，就可以把杂物清除干净了。"

绍喜美贺把自己的想法告诉了一些好朋友和科研人员，他们对她的想法表示不予支持，认为太稚嫩了，根本不符合科学规律。科技上的问题比绍喜美贺的想法要复杂许多。

但是绍喜美贺却对自己充满了信心，她对别人的否定态度

不予理睬。依靠自己的想象，她反复地研究试验，做了一个又一个小网，终于在三年后制成了第一个吸毛器。

绍喜美贺发明的小网兜就是我们洗衣机上的吸毛器，它使用方便、用法简单，成本也低，深受广大家庭主妇的喜爱。后来，她为这个小发明做了推广，几乎所有的洗衣机制造厂商都在洗衣机上安装了吸毛器。

13 避雷针的发明

现在的建筑上都安装了避雷针，有了避雷针就不会被雷电劈到了。可是你知道避雷针是怎么来的吗？在这里，我们就讲述一个有关避雷针的故事。

"上帝发怒了，所以天空会打雷；上帝举起了他的利剑，所以天上出现闪电；上帝在哭，所以天会下雨。"这种说法，在古代的西方早已成为了"真理"。

可是，美国科学家富兰克林却坚决不赞同这种说法。原因是，在他年轻的时候，雷电击中过他家附近的小教堂，引起了火灾，把整个教堂烧成了灰烬。然而当时人们嘴里所说的上帝，并没有庇佑这座长久供奉他的教堂。"上帝对供奉他的教堂都不庇佑，那他是不是傻子呢？或者说根本就没有上帝这个人。"年青的富兰克林决定亲自弄清楚打雷闪电是怎么回事。

在那次事故之前，富兰克林恰好在做一些跟闪电打雷有关的实验。这场突如其来的火灾，让富兰克林茅塞顿开，他想："天上的雷电，简直就是个'魔鬼'！不过，它怎么跟实验室里的电火花这么相似呢？难道天上的雷电，就是生活中接触到的电？"

在研究了雷电击中过的教堂后，富兰克林发现，一般雷电都集中在物体的顶端。"我为什么不把尖头的金属杆装到屋顶上，然后用金属杆连接电线杆把它引到地面上呢？"

他怀揣着方案来到英国皇家学院，激动地把自己的想法阐述给科学家们。不料，他们对他的设想非常冷淡，甚至嘲笑他说："小伙子，你可真是不知道天高地厚啊！小心被雷电劈死。"

"我相信真理能够战胜一切。我会用实践向人们证明的。"富兰克林在困难面前不仅没有退缩，反而坚定了发明避雷针的决心。他为自己制定了一套周全的方案——在雷雨多发的夏季进行避雷针的实验。

过了一段时间，夏天到了。富兰克林终于有机会把这个计划付诸实施了。

在一个闷热的夏天，乌云密布，雷声阵阵，震耳欲聋。这预示着一场暴风雨即将到来。富兰克林和儿子威廉一起把一个装有金属杆和铁丝的风筝，放到了天空上。随即，一阵洪亮的雷声又响起了，天上下起了瓢泼大雨。富兰克林父子俩浑身湿透地站在雨里，心情非常激动。他们冒着大雨慢慢地等待着。

只听见"咔……"的一声响，一道闪电击中了他们放飞的风筝，富兰克林马上用手去触摸风筝连接线上的铁丝，一种恐怖的电击感，即刻穿透全身。他马上把风筝线上的电引入莱顿瓶中。根据多年的经验，他发现，真的有电！而且雷电具有和实验室里的电流一样大的威力。

"既然天上的雷电与摩擦产生的电具有相同的性质，那能不能把它实际利用起来，使人类避开雷劈呢？"富兰克林不断地思索，"既然可以把这个'魔鬼'装进莱顿瓶，那我就有办法制服它！"

富兰克林按照自己的理论和实践经验，在一幢高楼的顶端，竖起了一根长长的金属棒，用不导电的材料将它固定好，并且把它与其他的物品隔绝开来。然后他还在金属棒的底部接了一条金属线通到地下，这样就有效地避免了建筑物在遭受雷电袭击后倒塌或者发生火灾。

这就是世界上第一根避雷针，也就是后来广泛应用在建筑物上，用来避雷和闪电的重要设备。

由于富兰克林的发明，使人类向文明社会的建设跨越了一大步。高层建筑物大量地建造起来，而且避免了被雷电袭击的危险。显然，避雷针是现代建筑中不可或缺的一部分。

14 小玩笑和大发明

你们知道吗，有时候小玩笑可以成就一个大发明。不信？那就来看看下面这个小故事呢。

一天，日本富士胶卷销售部部长在富士胶卷公司视察时，无意间和负责开发的部长和研究员开了一句玩笑："为什么不在这些胶卷上加装镜头和快门呢？"

有道是"说者无心，听者有意"，在陪同视察的几个高层干部看来，这既是一个玩笑，又是一个商机。

对于几名陪同参观的高层干部来说，销售部长的话激发了他们对产品开发的灵感，他们纷纷冒出了这样一个念头："要是能发明一种即用即弃的相机该多好啊！事在人为，只要努力，就一定能研制出这种相机来。"

接着他们对不同层次的客户进行了市场调查，结果发现有70%的人，在一年中至少有三次面临着想拍照片，而又找不到相机的情况。

日本富士胶卷公司经过缜密的分析和大量技术的革新，将普通相机进行了简化——从普通相机的400~700个零件，减少到仅用26个零件，这是一种在底片盒子上附着镜头的一次性相机。值得一提的是，尽管新式相机做了大幅度的改进，但是拍摄效果一点也不逊色于普通相机。

一次性相机不仅风靡于日本，在国际上更是名噪一时。由于日本富士胶卷高层员工丰富的想象，世界上又多了一种优秀产品。

15 用小木棍做火柴

众所周知，火的利用是人类文明进程中的重要里程碑。用火来加工食物，使人类告别了食用生食的习惯。不可否

认，人类的发展和火的利用是息息相关的。但是火也有破坏性的一面，如果利用得不好，还会引发天灾。

如何安全有效地利用火种，一直是人们思索的话题。

我们通常所用的传统的火柴，是由英国化学家约翰·沃尔克发明的，这一重大发明使人类的发展又向前跨越了一大步。那么第一枚火柴是怎么诞生的呢？

有一天，化学家约翰·沃尔克为了制作一种猎枪上的火药，将金属锑和钾混在一起，用一根小木棍搅拌。拌好后，他想把小木棍上的混合物弄干净，以便以后再用它来搅拌新的东西。于是他就把小木棍在地上不停地摩擦，摩着摩着，粘有混合物的一端"啪"的一声燃起火来，立即蹿出了一股火苗，整根木棍也随之燃烧起来。

约翰·沃尔克被这突如其来的景象惊呆了，他的脑子里灵光一闪："要是我能用这种办法制成火柴，然后保存起来，需要时拿出来轻轻一划，就有火了，那该多好啊！"

于是，他全身心地投入火柴研制中去，最后终于完成了这项发明，世界上第一根火柴诞生了，他成功了！

随着火柴不断的改进，现在人们使用的火柴是由几种化学药品混合制成的。主要原料是氯酸钾和二氧化锰，还有易燃的松香和硫黄。

为了延长火柴的燃烧时间，人们还在火柴头中添加了一种玻璃粉。为了防止火柴上化学药品的脱落，科学家们还在火柴成分中加了一种牛皮胶。

16 安全的防触电插座

1985年，中国上海市和田路小学的徐琛发明了"四用防触电插座"。这个消息不胫而走，成为人们讨论的佳话。

这个发明起源于徐琛的弟弟遭遇的一次危险的触电事故。

在一个星期天的下午，徐琛正在专心致志地复习功课，突然听到顽皮的小弟弟"啊"地惨叫一声，摔倒在地板上，徐琛被吓了一大跳。她赶忙跑过去，只见一根长铁丝还镶嵌在插座上。经过询问，徐琛得知年幼无知的弟弟，发现电线插座上的小洞洞非常神秘，于是用铁丝戳到洞里，就被一股强大的电流击倒了。幸运的是，经过一段时间的治疗，弟弟脱离了危险。

但是徐琛的心底却掀起了一阵阵波澜，那惊险的画面时时出现在她的脑海之中："'电老虎'真是太可怕了！我一定要发明一种能够不易触电、能保护小朋友们的安全插座，不让电老虎威胁到我们。"

徐琛马上投入到安全插座的发明创造中去了。她一边专心致志地研究发明，一边想："不懂事的小孩子在看到插座时会觉得非常好玩，用一些铁器或手指伸进插座孔里探个究竟，这样的话很容易会触电，对人体产生极大的危害。要想解决这个头痛的问题，只有发明一种防触电插座才行。

于是徐琛利用课余时间查阅了许多课外资料，并绘制出一

张张安全插座的基本结构图,最后她做出了一个防触电插座的模型。她把模型带到学校的"星期日创造发明俱乐部",给老师和同学们看。同学们看了她的发明,交头接耳地议论了起来:"这个插座虽然外表很好看,可是不实用。"有的同学说:"这种插座在使用中也许会受到许多限制。"有的则啧啧称赞。

大家你一言我一语地争相讨论着,徐琛听后,非但没有生气,还越听越高兴,她将同学们的意见和建议写在了图纸边上,晚上,她仔细思考着,决心一定要制造一个别具一格的安全插座,越想越激动,一件新的发明就要从自己的手上诞生了!

不久后,幸运之神果然给了徐琛一个绝好的机会。

这天,徐琛陪妈妈去大商场里购物,她注意到商场的门是两扇的。进入时先打开一扇再打开另外一扇,就在打开第二扇门的时候,她突然对自己的构思有了新的想法。她想:"我们在上自然课时,老师不是讲过闸门的原理吗,就是甲门关上,乙门打开;乙门关上,甲门打开……要是把这'闸门'用在防触电的插座上,就可以起到保护作用了,如果只是打开一道闸门的话,就不会有触电的危险了。我这就去做个试验。"

研究的原理是这样的:安全插座里有两道闸门,如果只打开其中的一道的话,电流无法通过,只有当两道闸门同时打开时,电流才能通过。

过了两天,徐琛再次把自己的科研成果带到"星期日创造发明俱乐部",向老师和同学们阐述了她的发明原理和使用方法。这次他们对她的发明给予一致好评,经过老师的再三检查和测试,终于顺利通过了。

接着,老师和同学们又对徐琛的插座进行不断改进,改良后的"四用防触电插座"终于诞生了。

由徐琛同学发起、经过多人帮助，制造出的既实用又有意义还能保护人身安全的家用电器，于1985年3月26日日本第三届世界青少年发明创造展览会上，荣获展览会最佳作品奖。这意味着徐琛同学的发明得到了世界的认可，她的发明正走向世界。

17 手电筒的发明

　　在一百年前，有一名叫康拉德·休伯特的俄国人，举家从俄国移民到美国。

　　一天，康拉德·休伯特应邀到一位朋友家里作客。主人洋洋得意地从卧室拿出来一个金光闪闪的花盆，骄傲地说："老兄，这是我亲自发明制作的，漂亮吧！你看看怎么样？"

　　休伯特对着这个花盆，看了半天，才发现花盆里装着一节电池和一个小灯泡，开关一开，灯泡就亮，并照亮了花朵，所以花朵就显得光彩夺目。

　　他仔细端详着这个花盆，心想："这么漂亮的花盆，正是因为有了灯光的点缀才熠熠生辉。"他又想到："自己在夜间走路，由于看不清路，高一脚低一脚地很不方便。有时候要到漆黑的地下室里找东西，不得不提着笨重的油灯，要是能把电灯随身带着照明，那该多方便啊！"

　　想到这里，休伯特小心翼翼地把花盆还给了朋友，急匆匆地回家了。

到家后,他马上把自己的想象付诸了行动。准备好各种仪器后,开始做起了实验。他找到了一根管子,又找来了电池和灯泡,然后他把电池和灯泡放在管子里。

经过无数次的试验和持续地改进,休伯特终于制作出了世界上第一支手电筒。

从此以后,我们在夜间走路的时候就有了轻便、高亮度的照明工具——手电。这要感谢休伯特!

18 脱胎换骨的电子工业

在现代电子工业中,集成电路是必不可少的。无论是在工作、学习,还是生活中,集成电路都发挥着重要的作用。然而,是谁发明的集成电路呢?那就是来自美国的杰克·基尔比,他在2000年10月10日,于瑞典首都斯德哥尔摩荣获了全球最高的科学奖项——诺贝尔物理学奖。

杰克·基尔比的一生非常具有传奇色彩,他从未接受过物理学方面的正规教育,更不是什么物理学家。在1941年的夏天,他前往马萨诸塞州,去参加麻省理工学院的招生考试,仅以3分之差名落孙山。虽然生活没有给予他机会,使他得到正规的教育,但是他毫不气馁,通过自己坚持不懈的努力,最终突破了物理学安装构造的瓶颈,成功发明了微芯片(集成电路)。

基于这个发明，他开启了信息时代（IT时代），并被授予诺贝尔物理学奖。

杰克·基尔比出生在美国堪萨斯州，他的父亲是一家公司的老板。在学生时代，他的理想是当一名电气工程师，在第二次世界大战爆发后，他毅然决然地投身于战争，成了一名美国战士。在战场上他奋勇杀敌，英勇无畏，等到战争结束后，他进入了伊利诺伊大学继续自己的学习生涯。但令人遗憾的是，在大学毕业后，因为没有工作经验，大多数公司不愿意聘用他，只有一家生产电子零件的小公司表示对他有些许的兴趣。于是，他接受了这份工作。几年后他觉得在小公司里难以大显身手，认为到大公司里工作对自己的前途有利，也能锻炼出能力。于是在34岁那年，他开始计划跳槽。

他到得克萨斯仪器公司进行过面试，意外的，他被那家公司录用了。当时，得克萨斯仪器公司是一家规模较大和较有影响力的公司，在电子行业中占有很高的地位。一进公司，他就受到了重用，参与了高层会议。公司高层通过反复讨论，最后决定把"元件的内部连接问题"提上公司议程，并且让基尔比研究解决其中最重要的问题，基尔比觉得自己终于找到了用武之地。

当时，晶体管已经在电子工业中占据了领导地位，许多工程师正在为制造出一种高速电路而反复研究和实验。一台电脑配有成千上万个晶体管、电容器、电阻件等，要把这些电子小元件按电路图一个个地焊接起来，配线和焊接接头实在是太多了。比如说，现在非常普通的一只电子手表，在当时大概就需要3000个晶体管。如果用足够的晶体管和其他分立元件来组成电路，将需要焊接将近上万个焊接头。如果安装成功，那么这么一块电子表的体积将会比我们现在使用的一台普通电视机的体积还要庞大。为了解决这个问题，全世界的科学家们都在努力着。

基尔比的设想大胆而新奇："我能不能取消所有的配线呢？"取消所有配线，这在当时是前所未有的做法。他想："是不是所有线路元件都可以印刻在同一块硅片上？电阻器、电容器、配电器、晶体管……"

当时，在电子学领域里他是一个新手，别人认为不可能的事，他却觉得很有可能。于是，他把这个想法用记事本记录了下来，带回了实验室，进行科学研究。

开始，基尔比有一些顾虑，他想："按照我的构思，所有的基本元件用同一种材料制成刻在同一块硅片上，所有的连接线也印刻在硅片上，这能行得通吗？"他决定先做出来再说。

他向上级请示为他的"集成电路"提供良好的实验环境和条件，上级同意了基尔比提出的要求，但规定他不得花费太多的成本。

在1958年9月12日这一天，得克萨斯仪器公司所有的高级员工都来到了基尔比的实验室，争相观看他的辛苦成果。基尔比将各种配线连接起来，然后接通了电源，刹那间，屏幕上出现了一条明亮的绿色蛇行光线。基尔比成功了！在旁边观看的人们都为他欢呼鼓掌。基尔比热泪盈眶，激动得连话都说不出了。

2000年10月10日，瑞典首都斯德哥尔摩为来自美国的基尔比举行了颁奖仪式，颁给他全球最高的科学奖项——诺贝尔物理学奖。

19 井下通风得出的结论

在很久很久以前，是没有空调的，那时候的人们只有通过扇扇子产生流动的风来消暑。到了后来人类发明了电风扇。而现在家家户户都安装的空调，则使我们彻底战胜了高温。

那么，你们知道空调是怎么发明的吗？现在，我们就来讲述这个故事。

1881年7月的一天，美国总统加菲尔德突然在华盛顿遇刺，生命垂危，随从们立即把他送进了一家医院急救。可是当时华盛顿出现了历史上罕见的高温天气，整个病房像烤炉一样炙热。为了降低病房里的温度，以挽救总统的生命，矿山技术人员——多西奉命降低总统病房里的空气温度。

多西接到这个重要的任务后，感到了前所未有的沉重压力。于是，他全身心地投入了"降低总统病房里的空气温度"的实验中。

多西是一位杰出的工程技术员，并且非常敬业，在矿山的开发和建设领域中，得到人们的一致赞许。但是这次发明与一般的发明存在着很大区别：没有时间进行反复的实验和耐心钻研，没有机会进行产品实验，只能成功不能失败……

起初，多西接收到"给病房降温"这个任务的时候，他最先想到了使用干冰来进行降温，这种物质的特性是，迅速降温。

"多西呀，使用干冰降温这一点我们医生也知道，可是用这种方法降温实在无法控制温度，一旦干冰的数量不足，温度就会立即回升。"一位医生提醒的话，像一盆冷水泼到了多西头上。

"嗯，没错。不过，你们先用着这种方法。同时在室内放些冷水，这样也能把温度降下来一点。"多西接着说，"我再想想其他办法。"说完，他便一头扎进了实验室。

多西对矿井的研究非常深入，而且他对自己的本行工作特别有建树。于是，他再次想到了他的老本行，他想："每当给矿井通风的时候，空气受到压缩，就会放出大量的热，这时候周围的温度就'变暖'了；每当压缩空气还原的时候，又会吸收大量的热量，周围环境的温度又会'变冷'。能不能通过压缩空气的办法来控制周围空气的温度呢？也就是说，这种机器既能压缩空气，也能释放空气，并以此来控制温度。"多西决定以这个设想为蓝本，来制造出一部可以降低室内温度的机器。

他立即在纸上记下了自己的想法，于是，设计图的雏形诞生了。他让助手和他一起翻阅了有关空气压缩膨胀的相关资料，并且把要制造出来的机器按照他原先构思的样子制造出来。经过试验，这种特殊的降温机器具有非常明显的降温功能，并且运行稳定，不会产生较大的落差。多西看着制造好的机器，开心得一蹦三尺高。他开心地大叫："太好了，我成功了，这下总统有救了。"

尽管降温机器发明成功了，但是也有不足之处。比如：机器体型庞大，占用了病房里非常大的空间，这样会影响摆医疗器具，而且噪音也非常大，会妨碍总统休息。

多西连忙把医生的建议记在了小本子上，回家悉心研究。最后他决定再次改进，以达到最理想的状态。

经过一系列的改进，多西把原来的发动机在动力不减的情况下缩小了体积，又增加了一些能吸收噪音的装置。这样，成功地将病房里的温度从30℃以上，降到了25℃左右的凉爽程度——这就是我们现在使用的家庭空调机的雏形。它的发明，意味着人类在征服世界、改造世界的征途又前进了大大的一步。

在20世纪50年代以后，小型空调机得到了广泛的应用。直到现在，空调已成为了人们生活中必不可少的家用电器之一。

20 电炉的由来

1900年夏天的一个周末，休斯应邀到朋友家做客。吃饭的时候，他们一边聊天一边进餐。吃着吃着，休斯发现菜里有一股很浓的煤油味，不禁把菜都吐了出来。休斯朋友的妻子也尝出了菜的古怪味道。她一边端水给休斯，一边连声道歉："实在对不起，一定是我刚才弄煤油炉时，不小心把煤油弄进了菜锅里。"她无奈地抱怨起煤油炉来："这鬼炉子，三天两头出毛病，有时候急用，火又不旺，修一下吧，又粘一手油，既不方便又不安全。"

休斯一边听着朋友妻子的抱怨，一边想："要是能发明出一种用电的炉子，那该多好啊！既可以避免煤油炉的诸多缺点，又可以方便安全地使用，肯定会很受欢迎。"

吃过晚饭，休斯就赶忙回到家，按照想到的思路做起了实验。他平常也非常喜欢翻阅电子杂志。为了制造出高性能的电炉，他做了无数次实验，甚至还冒着被电击的危险。

在1904年，休斯的电炉终于研制成功了。电炉的产生受到家庭主妇的极大追捧，成为大众最为喜爱的灶具之一。

休斯抓住时机，在芝加哥成立了公司，相继推出了电锅、电壶等家用电器。正是由当初小小的想法，加上之后的勤奋努力，才展开了休斯生命中最为辉煌的一页。

21 给火车一个好的刹车

在很久以前，美国有一个非常贫穷的少年叫威斯·汀豪斯。有一次，他在乘坐火车的时候，目睹了一场车祸。

在这场车祸中，被撞翻的牛车驾驶人当场死亡，而火车车厢也撞坏了，受伤的乘客不断地痛苦呻吟。

威斯·汀豪斯后来才知道，这场事故是由火车刹车不灵而引发的，于是他想："我为什么不去发明一种有效的制动闸，以保证火车行驶的安全呢"？

经过周密的调查，他得知火车的制动闸完全是靠人工来控制，当遇到紧急情况时，会先由司机发出信号，然后每节车厢搬起制动闸把车停稳。由此一来，火车虽然能刹住，但是很慢，火车的刹车反应太迟钝了。

威斯·汀豪斯带着这个问题，思索了很长时间，他想："火车是用蒸汽推动的，为什么不能用蒸汽来制动呢？"

他很快就设计出了一张设计图，用管道和锅炉将各个车厢严密地连接了起来，然后用蒸汽推动汽缸活塞压紧闸瓦，达到紧急制动的目的。但是这个设想由于高压蒸汽在通过管道时已经冷却，没有压力去压紧闸瓦而宣告失败。

就这样，威斯·汀豪斯只能怀揣着梦想，进行第二次实验。

这次他极其关注相关的新闻和动力学资料。一次非常偶然的机会，他看到了法国人在开凿隧道时，使用压缩空气驱动大型凿岩机的报道。他欣喜若狂，马上停下手里的工作，进行构思和实验。因为他想："既然压缩空气可以驱动凿岩机，挖掘坚硬的岩石。那么它也能够驱动火车制动闸。"

于是，他又一次投入到改良火车刹车的实验中。他在火车上增加了一台空气压缩机，然后经过管道连接各个车厢的汽缸。在司机需要刹车时，只要打开阀门，压缩空气就会推动各个汽缸活塞，将闸瓦压紧，就算是火车再想往前跑，也不行了。

就这样，威斯·汀豪斯成功研制出了改良火车刹车的工具。现在，我们使用的许多交通工具，都在沿用着威斯·汀豪斯改良后的刹车——包括汽车和火车。

22 美丽的写字侧影

用电脑打字，对每一个现代人来说都是一件非常普通的事。

人们上网、制作文档……都要用到电脑打字。那么打字用的电脑键盘是怎么来的呢？有人也许猜到了，对，就是打字机。

在一百多年前，美国有个名叫肖尔斯的青年，他在一家普通的机械厂工作。一天晚上，由于白天工作太累，肖尔斯早早地就睡觉了。等他一觉醒来，看见妻子还在灯光下埋头工作，觉得十分心疼，心想："我的妻子工作这样辛苦，我怎么才能让她轻松一点呢？我能不能发明一种写字机，不让她那么辛苦呢？"肖尔斯一边想着，一边抬起头看妻子憔悴的背影，就在抬起头的一瞬间，他看到了墙壁上映着妻子弯着背写字的侧影，他马上有了灵感："灯光下妻子美丽的影子，也许就是打字机的原型，如果把妻子的头当作写字键，弯曲的背当作字臂，岂不是最理想的设计？"

肖尔斯想着想着，好像入了魔一样，立即翻身下床。这突如其来的举动，把正在专心致志工作的妻子吓了一大跳。她瞪大了双眼，从椅子上站了起来凝视着自己的丈夫，关切地问道："亲爱的，你是不是哪里不舒服了？"

看着被自己弄得惊恐万状的妻子，肖尔斯强压着内心的兴奋，让自己镇静下来。他一把抱住心爱的妻子，非常欣慰地对她说："亲爱的宝贝，有了打字机，你就再也不用这么辛苦了，真是谢天谢地，是你给了我灵感。"

妻子听着肖尔斯的解释，深深地感到丈夫对她的浓浓爱意，她幸福地笑了。

为了实现对妻子的承诺，减轻她的工作负担。肖尔斯经过四年的刻苦实验和不停地改进，终于在1867年发明出了世界上第一台打字机。这位年轻人，用自己的行动和科技的力量，表达了对妻子最深切的关爱。

这不仅是一次伟大的发明,更是一个感人至深的故事。

23 磨眼镜磨出的显微镜

　　显微镜是一种非常重要的观察工具,在所有实验室里都要配备。它的发明,为人类在观察、分析生物,进行科学研究等方面起了重大作用。

　　显微镜的发明者是列文虎克,他是一位有志的荷兰青年。他很小的时候,父亲就去世了,由于缺少父爱,他养成了极其内向的性格,看上去有一点愚钝,甚至是木讷,缺少灵气。别人都说:"这么蠢的男孩还读什么书呀?"于是列文虎克信心全无,辍学在家。

　　后来他托人找了一份工作——到一家眼镜店里当学徒,每天的任务是替老板磨眼镜。这份原本枯燥的工作,在列文虎克眼里却充满了乐趣。他十分钟爱这份工作,经常想:"要是我能磨成一副别人看不到,我却能看到的眼镜多好啊!"

　　带着这个美好的愿望,列文虎克认真地磨着眼镜,而且同时更努力地钻研磨眼镜的工艺。在他的眼里,眼镜不是毫无生命的东西,而是一种能让他实现理想的神奇之物。这为他后来的发展奠定了基础。

　　目光短浅的眼镜店老板可不这样想,他认为列文虎克每天干活干得太少了,作为一个差役,他实在是太不合格了,不能

给他带来利润，便辞退了列文虎克。

被辞退的列文虎克待在家里没事干，于是又找了一份到市政府当看门人的工作。

当时，阿姆斯特丹的眼镜店磨制出了放大镜的消息，在荷兰传递开来。列文虎克听到这个消息时，高兴极了。正是这个消息，给了列文虎克很大的鼓励，他觉着自己又向成功迈进了一步。

他凑了一些钱，来到阿姆斯特丹，看到了刚刚研制成功的放大镜。但是，放大镜并不像人们说的那样神奇、罕见，它还不够完美，存在着很多缺点。这使列文虎克更加坚定了自己的想法——要创造出一种新的"眼镜"。

在业余时间里，列文虎克利用以前在眼镜店学到的"玻璃研制技术"，大胆地尝试并磨制出了一块直径只有三毫米的小凸透镜，并且邀请铁匠师傅帮忙，精心打造了一副金属支架，使其使用起来更方便。

过了一段时间后，一位眼镜制造商告诉列文虎克，要是把两个镜片有序地叠在一起，看东西会更加清楚。他听后豁然开朗，马上回家，在原来的凸透镜上加上了一个透镜，中间用一个旋钮来调节两个镜片的距离。同时，在透镜上加了一个铜板，很好地解决显微镜观察中光线不足的问题。这就这样，世界上第一台新型显微镜诞生了。

列文虎克发明的显微镜能把物体放大300倍，这代表了当时科学观察领域的最高境界，并为将来新一代显微镜的发明奠定了坚实的基础。

24 最早的玻璃镜子

在很久很久以前,我国就发明了铜镜。但是我们现在使用的玻璃镜子是怎么发明呢?这里还有一个有趣的故事。

在400多年以前,在欧洲的水城威尼斯,住着一个打制银餐具的工匠哥哥,和一个名叫巴门的玻璃匠弟弟。他们有着精湛的技艺,是两位十分优秀的工匠。

巴门的女儿长得十分美貌,她总是喜欢蹲在河边,对着自己在水面的影子梳妆打扮。但是,水面虽然能映出她的容貌,但总是模糊的,看不清楚。巴门看见了自己的女儿愁眉不展,就想帮帮她。

他想:"我的手艺那么好,为什么不制造出一种镜子,让我心爱的女儿看见自己的真实相貌呢?"

就这样巴门开始着手实施这个计划,他起先想使用玻璃来制造这面镜子。有了这个构思之后,巴门非常兴奋。他觉得无论如何都要送给女儿一块镜子,当作礼物。

设想得虽然很好,但实施起来却很难。巴门试验过很多次,都以失败告终了。

终于有一天,幸运之神眷顾了巴门。这天,巴门的哥哥拿着一块银板来到他家中,想坐下来歇会儿。兄弟俩边坐边聊天,巴门顺手将一块玻璃放在哥哥拿来的银板上。这时巴门的女儿正好回家，她低头看了看放在银板上的玻璃，居然看见自己的面孔，她吓了一跳。马上告诉父亲："爸爸，你看！"巴门兄弟俩伸头一看，玻璃中映照出了各自清晰的影子。

巴门被这个意外的现象惊呆了，然后他欢呼一声："我知道怎么做镜子啦！如果我让哥哥把银板压得薄薄的，变成银箔，然后贴在玻璃的后面。这样制作出来的镜子不就可以清晰地照出人的样子了吗？"他照着这个想法，做成了世界上第一面镜子。

在镜子制造成功后，事情不胫而走，就连威尼斯的国王也知道了这件事情，特意招他进宫制作几面镜子。威尼斯的国王在这几面镜子之中挑选了一面，作为两国结盟友好的贵重礼品，赠送给法国的波丽王后，她收到后非常满意。

法国人后来也得知了制作镜子的技术诀窍，并且把这项技术公布于世，使镜子走向了世界各地。

25 汉字激光照排机带来的辉煌

众所周知，印刷术是中国古代四大发明之一。但是，到了20世纪30年代，西方国家工业革命兴起，印刷术在那里得以

飞速发展，结合电子、光学等领域的辉煌成就，欧洲人把印刷术发挥到了极致，在世界印刷史上占据了极高的地位。

在20世纪80年代初，印刷术的辉煌又回到了我国。我国科学家王选成功地研制出了汉字激光照排机，这使中国人在计算机时代走向了辉煌。

王选出生在一个知识分子家庭。他自幼聪颖好学，17岁时以优异的成绩考入了北京大学。虽然他报考的是数学系，可是却对电子计算机感兴趣。毕业后，他以优异的成绩留校，当了一名无线电老师。

渐渐地，他爱上了电子计算机这门学科。在诸多的教学实践和科研中，他产生了这样一个想法："普通人要想快速使用电子计算机，就必须先解决汉字输入这一难题。"

于是，他对汉字输入技术展开了研究。除了完成教学任务以外，王选几乎所有的时间都趴在桌子旁研究汉字，分析出每一个字的字根。然后画图、统计，希望能用几十个键，把成千上万的汉字输入电子计算机中。

"王选呀，把汉字输入计算机中，不是那么容易的事！你来比较一下英语只有26个字母，而汉字有6万多个字，就算是常用字也有3000多个，这样庞大的规模，怎么能存进计算机里呢？"一位关心他的朋友笑着说，"别自讨苦吃啦。"

"要是没有人解决这个难题，我们的汉字就永远与计算机无缘了！不会英语的中国人就不能使用计算机，这样是跟不上时代的！"王选反驳道。他下定决心："我一定要研究出来。"

这时候，国家关于汉字照排系统的"748工程"深深地吸引了王选，"一旦这种照排机研制成功，我国将迅速进入信息时代。"王选的心里暗暗想着。

另类的创造

可是，国外的照排机已经发展到了第四代，而我国的才刚刚起步。在这个问题上，其他参与研究的人多数主张研究第二代，而王选却说："要研究就研究国外正在开发的第四代照排机，这样，我们就一下子跨越了外国人走了30年的路。"领导和大部分专家都否定了王选的看法，说他是自不量力，好高骛远。

王选觉得在这个圈子里面自己没有选择的权利，于是决定自己单干。他对自己充满了信心，终日埋头苦干，仔细研究。

终于，功夫不负有心人，在许多年的努力下，他相继攻下了汉字信息的压缩技术、高速还原和文字变倍技术。正当王选为自己离成功只有一步之遥而感到欣慰的时候，英国蒙纳公司公布，他们要占领中国汉字激光照排系统市场。

"天哪，我们中国人要用外国人的汉字照排机？"王选不敢相信这会成为真的。中国的文字自古以来都是世界瑰宝，是中国人引以为傲的遗产！到了我们这一代，中国的汉字居然要让外国人来改良，这让我们多愧对祖先啊！于是，王选加快了开发的进程，夜以继日地进行着研究。

终于在1979年7月27日，第一台用电子计算机"指挥"的汉字激光照排机问世。英国公司知道了这个消息后，惊讶得目瞪口呆！纷纷赞扬中国是一个人才辈出的国家。

由电子计算机控制的汉字激光照排机，使中国的文字技术迎来了春天，更为中国电脑的普及和使用，做好了有力的铺垫。

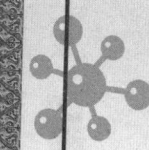

26 回形针的发明

你们知道回形针的发明历史吗?下面,我们就来聊一聊回形针。

在很久以前,人们处理文件的时候,都是采用大头针将几张纸固定在一起。但令人遗憾的是,这样做不仅会损伤纸张,而且也容易丢失或掉落纸张,甚至有时候还会戳破工作人员的手指。总之,这是一个让人们非常头疼的问题。

挪威著名的科学家约翰·瓦勒也经常遇到大头针带来的烦恼。他想:"如果只是被戳破手指的话,那流一点血算不了什么,但是如果我的文件因为大头针的掉落而散失的话,那损失可就大了。"

在约翰·瓦勒苦思冥想的时候,他的右手下意识地在纸上来回画着圈圈,一圈两圈……突然约翰·瓦勒闪过一个念头:"我可以把铁丝也弯成两圈,然后利用大圈与小圈中间的地方来固定纸张。"

于是他马上开始实施自己的想法,先画出来一张完整的设计图,然后按着设计图把一根长10厘米左右的铁丝弯折起来。一共弯折了3次。就这样,回形针诞生了。

因为约翰·瓦勒创造的这个东西形状很像中国的"回"字,于是在中国,我们就给他取名为"回形针"。

27 一种新电池的诞生

在19世纪末,世界上还没有出现我们现在使用的安全电池。电的来源只有两种途径,一是发电机发电;二是蓄电池发电。蓄电池使用、携带都比较方便,可是供电的时间太短了,它是靠硫酸和铅发生化学反应产生电的,使用没多久后,铅就耗完了,那么这个蓄电池也就失去了供电的作用。

但是当时,电灯、电话、电报和电唱机等已经相继走进了人们的生活,给消费者带来了许多便利和乐趣。于是"电能不足"的问题就更加突出了。

解决用电危机,成为当时科研工作的重大课题,这引起了大发明家爱迪生的关注。他决定同手下的科研人员一起,来攻克"制造新型蓄电池"的课题。

有一天,爱迪生在家里吃午餐,突然他举着刀叉不动了,表情凝重地低头思索,爱迪生夫人见了他的这副神情,知道他又在想有关制造新型蓄电池的事情,于是她便笑着说:"实验的关键是,找到蓄电池短命的原因。"

"对,没错,毛病出在内脏,要治好它的病根,就得给它开个刀,换器官。"爱迪生幽默地回答道。

讲到这儿,爱迪生的脑子里,突然闪过一个灵感,他想道:"先找到一种新物质代替硫酸,再用另外一种物质换铅,不就行了么。"

于是爱迪生照着自己的想法进行了实验。选一种碱性溶液来代替硫酸，然后再找一种金属物质来代替铅。可是世界上有各种各样的碱性溶液，用哪一种呢？金属也是多种多样，到底用哪一种更合适呢？

爱迪生和他的助手们反反复复地试验着，每一分钟都沉浸在无限的希望和无止境的失望之中。他们继续做着实验，一晃三年过去了，他们试用了几千种材料，做了四万多次实验，但是令人遗憾的是，他们没有找到适合的溶液和金属——这意味着他们仍然没有成功。

这时候，社会上传出了各种各样的谣言和嘲讽。甚至有一个自以为是的记者，居然在大庭广众之下，问出一个让爱迪生难堪的问题。

"尊敬的发明家，听说您花费了三年的时间，做了四万多次实验，请问有什么收获吗？"

"收获嘛，比较大，我们已经知道有好几千种材料不能用来做蓄电池了。"

顿时，爱迪生的巧妙回答赢得了在场所有人的钦佩和热烈的掌声，那个想看笑话的记者也不禁佩服地鼓起掌来。

虽然经历了许多次的失败，爱迪生仍然坚持不懈地追寻着自己的理想。最后，他终于在1904年找到了代替硫酸的原料，那就是氢氧化钠，同时，他用镍、铁来代替铅。世界上第一块镍铁碱电池诞生了。与传统蓄电池相比，这种新型电池的使用寿命要长得多。

然而，当时爱迪生并没有立即向世人宣布这一成果，而是昼夜不停地改良，他希望做到十分精确、毫无差错。直到

1909年，他最终确定了发明性能更加优秀的电池——镍铁碱电池，这才对外公布了自己的研究成果。这种新电池的发明，引起了一场电器革命运动。

新型电池的诞生，为当时社会的进步和人们生活质量的提高起到了重要作用。

28 搭错了导线的启示

众所周知，在1887年，赫兹发现了电磁波。这个消息在当时像一颗炸弹一样产生了巨大的影响。有一个名叫波波夫的俄国男人，在赫兹的电磁波影响下，发明了无线电天线，为后来无线电的使用和普及推广，起到了至关重要的作用。

波波夫是个"电"迷，他的理想是要研制出能够被推广普及的、廉价的、高质量的、长寿命的电灯泡，希望能用电灯照亮整个俄国。但是，当波波夫听到赫兹发现了电磁波的事情后，他改变了自己的志向。

他是这么想的："假如我用毕生的心血去安装电灯，对于广阔的俄国来说，只不过是照亮了很小的一部分地区，要是我能控制电磁波，那就能飞越全世界啦！"

波波夫给朋友们致信，表达了自己的宏伟计划。此后，这位并不年轻的俄国人，开始专心致志地进行电磁波的实验。

1894年，波波夫在吸取法国的布兰利、美国的李奇等同行们经验的基础上，研制出了一台无线电接收机。可喜的是，这台接收机的灵敏度和接收效果比李奇等人设计的还要好。为了改良当时的无线电接收机，波波夫又对它进行了许多改良实验。终于有一天，他成功了。

一天，波波夫在调试接收机，用电铃检测电波的距离时，他发现电波信号比往常增强了许多。"咦，这是怎么回事？"他认真地检查起来。

不多久，波波夫就找到了原因，一根导线搭错了地方，搭在了金属检波器上。他立即走过去，把那根导线拿开，这时出人意料的事情发生了，叮叮作响的电铃不响了。这是怎么一回事呢？他十分惊奇，想道："莫非这根导线还能发挥特殊作用？我是不是应该对这个现象进行下研究？说不定能用这种方法制造出更为高性能、接受性更高的无线电呢？"

当他把导线重新接在金属检波器上时，电铃又响了。他想："没错，这电铃响起来的原因一定与导线有关。"波波夫异常兴奋，连忙把导线接到金属检波器上，然后反复试验。他发现，当把导线接到金属检波器上的时候，电磁波的信号更强，传得更远。于是，波波夫把这根导线安在了他的接收机上。就这样，世界上产生了第一根无线电天线。

不久，波波夫用电报机代替电铃作为接收的终端，第一台无线电发报机诞生了，而无线电天线在接收信号的过程中发挥了不可忽视的作用。

随后，意大利科学家马可尼进行了许多新的无线电通信实验，对无线电天线进行了更大的改良和修整。

1901年12月12日，马可尼用大风筝把天线架到了121米的高空，使横跨海洋收发报的距离达到了3000千米以上，

让人类对无线电的开发和应用有了更新的进展。

29 "吞宝剑"的启发

你们有没有在电视里看到中国古代的街头艺人们"吞宝剑"的特异功能？现在，我们就来讲讲由"吞宝剑"产生的一个发明故事。

在古代的法国也有"吞宝剑"的表演。1768年的一天，法国著名的医生库斯摩尔及其家人一起观看了一场"吞宝剑"的表演节目。

那个时候，库斯摩尔刚刚从实验室里出来，正在全神贯注地思考如何用仪器来对人体的胃进行观察的问题。当时有许多人因为工作太辛苦，都得了胃病，他们饱受病痛的折磨。这让医生库斯摩尔狠下决心，一定要制造出一台高质量的仪器，帮助医生诊断胃病患者的病情。

医生库斯摩尔在"吞宝剑"演员的前后转了几圈，又仔细观察了一番。看到艺人把宝剑整个从喉咙里"吞"了进去。这时他闪过一个念头："如果用一根金属管，像吞宝剑一样，经过食道插入病人的胃里，再加上一定的光源。那么胃里的情况不就一目了然了吗？"

看完表演后，他回到家中。按照自己先前的想发，动手制作了一台胃镜。

后来，经过多次实验和反复的研究，库斯摩尔终于制造出了世界上第一台食管硬式胃镜。后人在他研究出的食管硬式胃镜上进行了改进，便制造出了现在医院里经常使用的彩色传像系统和纤维胃镜。

30 缝纫机里的学问

我们身上穿的衣服大多是由缝纫机缝制的，现在的自动缝纫机缝制布料的速度很快，大大提高了生产效率，提高了广大消费者的生活水平。

这次，我们就来聊一聊缝纫机的故事。

从前，有个叫哈威的美国人，他是一家纺织机械厂里的工人。因为家里经济条件非常拮据，所以他不得不在外奋力赚钱。

哈威的妻子很节俭，但是就算她持家有道，也不能"画饼充饥"。每天除了纺纱、织布外，还要洗衣服、做饭、照顾孩子，尤其是那些似乎永远都补不完的衣服，更是叫人发愁。哈威很体贴妻子，他心里想："要是有一台像手一样能代替手来缝衣服的机器，那该多好啊！"

于是，他每天抽空陪在妻子身边，仔细观察她的缝纫动作，仔细翻阅各种书籍。然后用纸写下应该注意的事情和设想。

半年过去了，资料写了一大堆，但是没有任何进展。

后来哈威觉得烦闷，就回到工厂里去散心。在那里，他仔细观察织布工手里织布的梭子，发现梭子在纵横交错的线中穿来穿去。

忽然他灵机一动，心想："如果针孔不是开在针柄上，而是开在针尖上。这样，即使针不全部穿过布，也能使线穿过布，并且在布的背面出现一个线环，然后再用一个带引线的梭子穿过线环，自动缝纫衣服的效果不就出来了么？"

回到家以后，哈威按照自己的构思制作出了缝纫机，大大提高了缝衣服的效率，提高了人们的生活水平。

31 高压锅的由来

小朋友们，你们见过高压锅吗？是不是觉得它既省煤气，煮出的饭又香香糯糯的，非常好吃？

高压锅是一位法国医生帕平发明的，他同时也是一位物理学家和机械工程师。

帕平小的时候，经常在阿尔卑斯山上煮土豆吃，可是令人费解的是，无论他怎么煮，土豆都不熟，这成了小帕平的一个心结。

帕平长大后，到伦敦求学，一次，他向教授请教了这个问题。教授回答："越是地势高的地方，气压就越低。当然，水的沸点也不会是平地上的100°C。如果用普通的锅烧水，可能烧到80°C水就开了，这样，土豆就煮不熟了。也就是说，如果要在高山上煮东西吃，就必须提高锅内的气压。"

帕平心想："怎么才能将锅内的压力迅速提高呢？"他想到，可以做一个新式的锅，分成两个部分，在锅子上面加一个非常厚实的锅盖，让锅盖和锅子咬得极其严实。这样加热的时候，气体就跑不出来了，那么气压就会随之升高，水就会很快沸腾了。

帕平带着他的新锅子和土豆，再一次爬上了阿尔卑斯山。这一次，他成功了，仅仅烧了十分钟，就把土豆煮熟了。

这使他非常兴奋，想：如果把这口高压锅放在平地上用，一定能煮熟那些又老又烂的食物。

在近300年后，法国工程师奥蒂埃在这种高压锅上安装了一个安全阀，才制成了我们现在所使用的安全高压锅。高压锅终于走进了寻常百姓家。

32 月光对无线电通信的启示

在很久以前，有位叫古列尔莫·马可尼的意大利发明家。他从小就立志要研究无线电通信，最后终于完成了这个夙愿。

在一个炎热的午夜，马可尼独自待在家中，安静地躺在床上，他的两眼一直望着天花板，辗转反侧不能入眠，白天做过的实验，不时地在他脑海里浮现……

那天白天，他在花园的两个墙角各竖起一根天线。所谓的

天线,是用一根吊着的金属板做成的。其中一根还连着一个感应线圈作为发报机,这个简单的装置,居然能够接收到百米以外的无线电信号。

"为什么不能收到从更远的地方传来的信号呢?"他索性站起来望着窗外,看见一片银色的月光透过槐树,投下一片斑驳的影子。

"电波和月光同样是波,为什么月光能够从高高的天空中射下来,而电波信号就不能投得更远呢?"

"将天线弄得再高一些,也许就能增加电波的传播距离了。"他想着,于是立即动手做了起来。随着天线的升高,通信距离也很快增加了。他的心情越来越高兴,兴奋地观望着这个小小的试验。

为了这个效果,马可尼不知道反复试验了多少次、失眠了多少回,终于得到了对他来说非常满意的结果。

为了进一步研究加大电磁波的发射能力,他写信给邮电部部长,请求给予支持。对方竟然说他是个大骗子。这个结果令他大失所望。

他只好离开意大利,带着无线电发报机来到了对科学技术极为重视的英国,并向英国政府请求给予支持,英国政府批准了他的发明专利,并为他提供了良好的实验环境。

经过一段时间的研究,马可尼架设了一根50米高的天线,这使无线电波成功地跨越了宽达450千米的英吉利海峡,他彻底成功了!

但是他并不满足。他的新梦想是把信号送过大西洋,可是支持他新设想的人并不多。甚至,还有一些旁观者嘲笑马可尼好高骛远,自不量力,甚至有人咒骂他是神经病。但是他都不予理会。"即使远在天涯海角,不用电线也照样能互通信息,这个愿望一定能实现。"马可尼执拗地坚持着自己的观点。

1901年底,马可尼来到了大西洋彼岸的加拿大,与留在英国的助手做起了无线电波横跨大西洋的实验。一切准备就绪后,英国助手发出了事先商定好的一组无线电信号,那信号终于越过了大西洋,马可尼激动地喊:"我成功了!我成功了!"

这个消息一传出,很快就引起了全世界人们的紧密关注。马可尼的创造使人们改变了过去对他的错误看法。

1909年,35岁的马可尼获得了诺贝尔物理学奖。从此,人类走向了崭新的通信时代。

33 昂贵的黄泥巴

我国春秋时期,有个叫范蠡的官员,他厌恶了官场的尔虞我诈,便退隐在江苏宜兴的一个小村庄里面,过着隐居生活。

一天清晨,范蠡照例拿着农具去田间干活,当时,太阳还没有升起。为了增加耕地面积,他来到村外的黄龙山上,在那里开荒种地。突然,他发现黄龙山上的土质与其他地方不一样,它们又细又黏。

他以前做官,有非常渊博的知识。他一边挖地,一边想:"这么细致黏稠的土壤,应该有它的特殊用途。"

挖着挖着,他突然闪过一个念头:"要是能用这些泥土捏成各式各样的泥坯，再用火一烧，不就能变成有用的东西了吗？"于是范蠡说干就干，他用口袋装了满满一袋的泥土，在自己家做实验，结果真的制造出来了各式各样的精美器具，如盆子、盘子和碟子等。

范蠡非常兴奋地将村民们召集在一起，手捧着黄土，对大家说："我们就要有好日子过了。"

村民们听了都面面相觑，纷纷嘲笑他说："像这种黄泥巴，我们黄龙山漫山遍野都是，难道用这黄泥巴当饭吃？"

范蠡拿出他制作的陶器，得意地说："黄泥巴不能吃。但是用它做出来的东西，不就能换饭吃了吗？你们看，要是用这些泥土捏成各式各样的泥坯，再用火一烧，不就能变成有用的东西了吗？"

听了范蠡的话，村民们个个都拍手叫好，讨论了好半天。他们用黄泥制做成各式各样的盆、缸、罐、碗、杯，等等，并在黄龙山下建造了一座火窑，然后把这些土坯放在窑里烧，烧好以后再慢慢冷却，就是一件件美观耐用的陶器了。

这就是中国沿用至今的陶器。由于陶器的美观耐用，得到了全世界人民的喜爱。

34 激光应用的故事

激光是20世纪的高科技产物，作为人类最伟大的发明之一，它被广泛应用于激光焊接、杀死皮肤癌细胞、制导武器等高科技领域。

让激光走出实验室，被人类广泛应用并以此造福人类的是美国人高尔登·古德。

古德于1920年7月17日出生于美国纽约市，在大学里读的是物理专业，热衷于激光研究的实验。第二次世界大战爆发的时候，他参加了著名的"曼哈顿计划"，即原子弹研究工程。在那段时间，他对原子的能量有了新的认识，同时对原子弹爆炸产生的耀眼光芒念念不忘。他想："如果人类能够对激光进行充分利用，该多好啊！这样就可以造福人类，而不是白白浪费掉了。"

后来战争结束了，古德恢复了学习状态，他不仅在哥伦比亚大学继续攻读博士学位，同时在纽约市政学院授课。与此同时，他很注意收集与激光有关的资料和观察科研现状。

1957年11月9日是个星期六，37岁的古德看书直到深夜，刚入睡，又被一场噩梦惊醒。"啪"，他拉亮了电灯，突然间一个灵感在心里产生了，他想："电灯发出的光为什么是白色的呢？要是换成别的颜色还会这样刺眼吗？"他的脑海中冒出了一个奇怪的念头："如果把光变成光束，就可以用来切割任何物体，还可以用来加热、测量距离，甚至把它当切割刀来使用，用这种人类肉眼看不见的刀，成功地为病人做各种手术了。"

古德为自己的奇怪想法而感到震惊，这是多么伟大的工程啊！有了激光，人类就像有了一把探索世界、改变世界的金钥匙。古德暗下决心，一定要把激光的作用推广到全世界，造福全世界的人民。

然后他以之前的想法为题，申请了专利，在美国进行了注册。

可是，令古德伤心的是，在之后的 30 年间，他每一次向美国政府提出的专利申请都受到了阻挠，他们认为古德的专利太虚幻了，并不是一项实用性的发明。所以，古德的专利申请每次都被美国专利局驳回了。在他提交专利的 30 年间，受尽了别人的驳斥和白眼。一直到 1989 年，他关于激光应用的推广才获得了专利，在美国注册成功。

现在，各种各样的激光产品得到了广泛的应用，除了焊接、杀死皮肤癌细胞、制导武器的领域之外，其使用范围还延伸到了其他的重要领域，为现代人的工作、学习和生活带来了许多便利。

35 用橡皮来擦拭字迹

在很久很久以前，人们是用面包渣来擦铅笔字的，这种方法使用了很多年。不信的话，你可以去看最早的电影，里面主人公的书桌上都会有一块小小的新鲜面包，把它用碟子盛着，和铅笔、纸放在一起，就像我们国家古代的文房四宝一样。

在当时，面包不仅是食品，还是可以擦掉写错了字的"文具"。

西方国家的史料文献里记载：在 18 世纪以前，西方人写错字以后，就在原地画一个黑团，再用他们的主食——面包来擦拭。这样做的确可以去除字迹，但同时也会把纸弄脏。

英国化学家普利斯特里也遇到过这种事情，但他很快就解决了这个问题，并且制造出了第一块真正意义上的橡皮。

1770年一个夏日的夜晚，普利斯特里正在实验室里撰写论文，文章很长，而仆人为他准备的擦字的面包都被他使用完了。

他心想："真是糟糕透了！我的家人正在等着我共进晚餐，而这篇论文原本也是可以马上写完的，现在它污迹斑斑，我要交上去，还是撕掉重写，或者是明天再继续？我到底应该怎么办啊？"

烦躁的普利斯特里坐在书桌边，顺手拿了一块小橡胶瓶塞，无意间玩弄了起来，在手中不停地翻动着。不经意间，他的手指被瓶塞擦得十分干净，他高兴极了，想道："真好！我就用它来擦铅笔字吧，面包渣那古老的玩意儿终于可以不用了！"

他用橡胶瓶塞在写过字的纸上擦了起来，结果，纸上的字迹很快就擦掉了，没有什么痕迹了。

后来，这件事很快就传播开来，如今我们使用的橡皮就是以他使用的橡胶瓶塞作为雏形，改良而成的。

橡皮是人类在工作、学习、生活中必不可少的一种文具，它的出现为推动世界发展起到了非常关键的作用。

36 制造火车的故事

火车是 19 世纪人类的重大发明之一。它的研究提高了运行速度,缩小了人与人之间的距离,成为人类不可或缺的交通工具。

1814 年,英国的斯蒂芬孙发明制造了新型的蒸汽机车。在他进行试车表演的时候,周围来看热闹的人熙熙攘攘,里三层外三层堵满了整个草坪。在观众将信将疑的目光中,他亲自驾驶车进行表演。装载着大量重货的火车,在一阵呼呼的喘息声中,飞快地向前疾驰而去。

斯蒂芬孙出生于一个贫困的家庭,父亲是一名普通煤矿蒸汽机的司炉工,母亲是一名家庭主妇。他 8 岁时,为了给家里维持生计,就去给别人家放牛。在放牛的时候,他经常用泥巴做成蒸汽机、锅炉、汽缸、飞轮……他的"作品"虽然用料粗劣,却制作得非常精细。

等到了 14 岁,他非常幸运地找了一份见习司炉工的工作。他对机器制造有极高的天赋,曾利用清洗机器的机会,把一台蒸汽机全部拆开,又重新组装起来。

后来他听说,英国人特列维蒂克制造出了第一台蒸汽机车,但是由于速度太慢并且经常出轨,便放弃了对蒸汽机车的研究。还有另外一个英国人也制造出了蒸汽机车,速度比牛还慢,更可悲的是，这种蒸汽机车最多只能拉动十几千克的货物。

"正因为现在世界上还没有人能够设计制造出实用的火车（蒸汽机车），我才一定要研制一台这样的车。"经过种种失败，斯蒂芬孙更加坚定了自己改良火车的决心。

他开始仔细检验着自己制造的火车存在的弊端，并没日没夜地加以改革。经过一段时间的研究，他终于得出了结论："火车震得厉害；怕温度过高引起锅炉破裂；炉膛里的煤燃烧不是很充分……那我就给火车加上防震弹簧、把加入锅炉的冷水先进行预热处理、在汽缸里通上一个小小的管子，排出废气，使煤烟排出得更顺畅……"

他把这些想法都搬到了改良措施中，大胆地对原有火车进行彻底改革。

1825年9月27日，斯蒂芬孙在众人仰慕之下又进行了火车试行。这一次，他的"旅行"号火车终于成功了，每小时行驶24千米，同时载了450个乘客和6节煤车。历史将这一天和这个火车的发明者——斯蒂芬孙，一起永远地记入了世界史册。

37 裂纹青瓷的诞生

瓷器是中国悠久文化的一部分，在英语中，"中国"和"瓷器"是同一个名称，也就是说，瓷器是中国的标志。

我国烧制瓷器的历史从商代算起，有3000多年的历史。到了宋朝的时候，景德镇被公认是享誉世界的"中国瓷都"。在所有瓷器之中，浙江的青瓷有着最高的知名度，直到现在，青瓷也是中国收藏家最为青睐的收藏品之一。

青瓷的发明，给各位瓷器爱好者和收藏家提供了极大的乐趣。现在，我们就来讲一个有关裂纹青瓷的故事。

从前，在浙江龙泉有两个亲兄弟分别开了烧制青瓷的窑，一个叫"哥窑"，一个叫"弟窑"。由于哥哥的技术过硬，烧制的青瓷供不应求，但他却十分保守，不愿意将方法传授给弟弟。弟弟眼睁睁地看着哥哥的生意日益兴隆，而自己的却日渐冷清。他想方设法请求哥哥传授一下制造青花瓷的秘方，但是自私的哥哥就是不肯说出来。就这样，仇恨的种子深埋在了弟弟的心里。

"我挣不到钱，你也休想挣钱。"一天深夜，弟弟决定给哥哥一点颜色看看。于是他挑来了一担冷水，悄悄地走到了"哥窑"。

弟弟明白，烧窑时，窑内温度高达1000多摄氏度，要是遇上一担冷水，轻则一窑的青瓷完了，重则连窑带瓷一起炸掉。为了达到报复的目的，狠心的弟弟把一担冷水用力泼了过去。干完这些以后，弟弟就心满意足地回家睡觉去了。

第二天，哥哥打开自己的窑一看，顿时惊呆了："呀，怎么变成这个样子啦？哪来这么多裂纹？"哥哥急得要哭出来了，他俯下身仔细地端详起来，一个个瓷胎上布满了裂纹，裂纹没有规则地排列着，看上去古朴典雅，甚至比以前烧制的青瓷更加美观，更加有韵味。

"呀，没有碎！"哥哥非常谨慎地拿起一块瓷胎看了看，满怀惊喜。"要是哪位商人对这种裂纹感兴趣,说不定还能卖个好价钱呢。"哥哥想,"试试看,不能就这么让一窑的青瓷全毁了。"

不同寻常的事情果然发生了,这窑青瓷极受欢迎,甚至有人说那裂纹是精心烧制的,而且这青瓷比一般的瓷更结实,看上去更加古典。于是哥哥想:"既然,这种裂纹青瓷这么好卖,我为什么不去多做一点哪?"

因祸得福的哥哥问清了弟弟事情的经过后,就专门烧制这种裂纹青瓷。他烧制出的新裂纹青瓷广受青睐,很快就被顾客抢购一空了。

38 充气灯泡的发明

1879年,美国著名发明家爱迪生发明了炭丝电灯,这个发明为人类的文明和发展迈出了决定性的一步。但是遗憾的是,这种白炽灯不太亮,寿命也比较短。

后来,通用电气公司的研究人员库里基发明了用钨丝做的电灯泡,由于通电后钨丝容易变脆,灯泡的寿命受到严重的影响。因此,公司领导要求实验室的研究人员攻克延长钨丝寿命的难关。1909年夏天,化学家米兰尔来到美国通用电气公司从事钨丝电灯的研究工作:"把玻璃灯泡内的气体全部抽掉,这是目前最佳的方案。"研究人员告诉米兰尔。米兰尔对"真

空灯泡"产生了浓厚的兴趣。他想："要想攻克这个难关，必须弄清钨丝变脆的原因。"

于是，在其他科学研究人员的支持下，米兰尔投身于改良电灯泡技术的研究。他认为："钨丝变脆是由于钨丝内的气体杂质引起的。我们应该在真空条件下，加热各种灯丝样品，测定各种情况下所产生的气体量。"

很快，米兰尔把自己的想法付诸了行动。他用实验结果表明自己的想法是正确的。他分析了一下现实情况，终于理出了头绪，他想道："在非真空条件下长时间加热的灯泡，玻璃表面会慢慢释放出水蒸气，这些水蒸气与灯泡内的钨丝发生化学反应，产生氢气；而在灯泡接头的地方，一些材料也会释放出气体，正是因为这类气体的化学作用，才使钨丝变脆，灯泡壁变黑，因而降低了钨丝灯的使用寿命。"

于是米兰尔把自己的实验结果公布于众，他说："我们可以把各种不同的气体分别充入灯泡内，看看各种气体和钨丝会有什么样的反应。"

这个结论马上受到了那些提出"只有进一步提高灯泡的真空度，才能最后解决难题"理论的人极度不满，因为这两个理论，是大相径庭的。

最后经过一番激烈的讨论，米兰尔用自己的实验和科研成果说服了大家。他们一致同意米兰尔的意见，决定由他挂帅带领科学研究小组，进行一系列的有关改良充气电灯泡的课题研究。

于是米兰尔分别把氧气、氮气、氢气、水蒸气、二氧化碳等气体一次次地充入灯泡，并在高温、低压等不同的外界条件下进行测试。

"你们看，在高温下，氮气并不解离，许多蒸发出的钨原子，撞击到氮分子后，又回到了钨丝上。"米兰尔指着手中的试验品，激动地说，"也就是说，氮气对钨丝有保护作用，能使钨丝寿命延长。"他觉得自己又向成功跨进了一步。

后来又经过4年的艰苦奋斗，米兰尔终于制造出了功率大、寿命长、效率高的充气灯泡。之后，他又发明了以氩气代替氮气制成的小功率充气灯泡。

米兰尔发明的充气灯泡对高温、低压下化学反应的研究贡献很大，并且于1928年获得了美国化工学会颁发的帕金奖章。而他发明的充气电灯泡，一直沿用至今，成了千家万户必备的照明工具。

39 "门外汉"发明的机关枪

我们在电视里经常看见枪战的场景。那么，这种杀伤力极强的高级武器是由谁发明的呢？

发明者的名字叫马克沁，他是美国的电气机械发明家。

早在19世纪下半叶，用枪射击就风靡了整个美国，很多有钱人都把射击当作一种时尚，一种消遣。他们经常在一起玩枪、交流、嬉戏，有时也举行射击比赛，从中得到快乐。

有一次，电气机械发明家马克沁带上步枪参加了射击比赛，但是由于他在这方面是个"门外汉"，没有天赋，结果成绩很差。不仅如此,他的肩膀上还被沉重的步枪震得青一块紫一块,非常疼。"唉,这种枪玩起来这么难受,看来我要想办法改进改进了。"

马克沁本来打算要好好练习射击技术的,可是此时此刻,他突然冒出了要改良步枪的念头。于是他对原来的步枪进行了研究,在查阅了许多有关资料后,他对步枪有了进一步的了解。这大大增提高了他要改良步枪的欲望。于是他加倍留心周边的事物,期望得到改良的灵感,他想:"现在市面上的步枪射击速度慢、使用麻烦,为什么不制造出一部能够连续射击的新型枪械呢?而且步枪沉重,射击时的震动又大,如果连续射击的话会大大损害身体。我一定要把它改良成射击速度快、使用方便又轻巧的枪械。"

于是,马克沁开始着手对新型机枪的研究,最后他制造出了一种自动化连发步枪。由于这是个"新品",所以他向美国专利局申请了专利。

专利局那边当时未予通过,当时,他们是这样回应马克沁的:"你还是搞你的机械发明吧,对枪一窍不通的人来搞枪械发明,实在是异想天开的事情。"

这件事大大刺伤了马克沁的心,因为他当时确实是枪械类的"门外汉",只是凭着浓厚的兴趣做而已,而且在电气机械制造领域,他也不是"科班出身"。

他小时候,家里非常穷,读完小学二年级以后便辍学在家,帮忙料理家务。为了谋生,他15岁就进了一家工厂当学徒。由于对机械方面有浓厚的兴趣又肯刻苦钻研,再加上良好的天赋,才在电气机械制造上有了独到见解,制造的器械得到了这个行业人士的一致肯定。

马克沁虽然没有得到美国专利局的认可，但是他并没有否定自己。他带着这项发明来到了英国伦敦，一个对发明创造非常重视的国度，与此同时，他对自己设计的自动步枪进行了改进，能开锁、退壳、送弹、关闭等一系列动作，实现了单管枪的自动连续射击。就这样，在1883年，他终于成功地设计制造了性能更加完善的新一代自动步枪。

接着，马克沁对自己的步枪继续进行改进，他希望能设计出一款射击速度更快、震动更小的自动步枪。于是，一种能把帆布弹带上的子弹推上膛的装置设计完成了，一个帆布弹带能装250发子弹。

在实验成功以后，马克沁高兴极了，但是很快，他又发现了这种自动步枪的缺点，那就是，在自动步枪快射一阵以后，枪膛里的温度特别高，连枪管都给烤红了，如果不把温度降下来的话，这种枪还是没有市场、没有使用价值的。他把一些零件重新加工、组装、再试验、再组装。在这样改装的过程中，他攻克了所有的难关。

最后他发明了世界上第一支现代化的机关枪，重40磅、每分钟能连射600发子弹。

有了这种杀伤力极强的机关枪，大大增强了国防部队的实力，同时也降低了伤亡人数。它成了现代战争中必不可少的一款武器。

40 钩在一起的火车

在很多年以前,人们用长长的铁链来连接火车的车厢。虽然在同一时间段可以运送很多的客人或者货物,但是也有浪费人力和时间、效果也不好、接头不牢固的缺点,遇到爬坡、急转弯等情况,车厢很容易脱节,甚至出轨翻车。

有个叫哈姆尔特·詹内的美国人,是一名负责拴车厢的普通工人。每天早上,从火车进站的那一刻开始,詹内就得从车头到车尾忙着栓铁链,一丝不苟地完成工作。

然而长期地这样工作,詹内感到身心疲惫。为了使这项工作更加轻松一些,每天下班后,他都会思考同一个问题:"我要怎样才能有效地拴住火车车厢,既省事又牢固?"

天天冥思苦想的詹内,有一天,在不经意间走过一个街心公园,突然听到一片嬉闹声,他好奇地朝着那个方向看,只见一群孩子正在公园里做游戏。他们面对面地站着,脚顶着脚,手臂伸直,手指钩在一起,身子向后倾,相互之间的拉力非常牢靠,让他们一直悬着不倒下,非常好玩。

"用手钩着手?"詹内在孩子们的游戏之中受到启发,迅速赶回家,把大致的想法画在图纸上。

然后他拿出了家里的一套工具,做起实验来。他把两块长木头做成了两只手的模型,然后让它们互相弯曲地钩在一起。

但是当他把两只木手放在火车上进行实验时，却发现这个实验行不通，木质的手柄不灵活，让火车的行动变得很迟钝。

"怎么改进呢？对了，我可以给每一节车厢改良，制造出'火车自动挂钩'。因为火车挂钩是用铁做的，它就像火车车厢的手一样，是一种在'掌心'上设置的机关。只要遇到了另外一只'手'，它们就能紧紧地握在一起了，在火车奔跑时也绝不会松开。要想分开，还得启动'松开'的机关。"

后来凭借着这个想法，他做了千万次的改进，终于制作出了火车自动挂钩，这些火车挂钩是用铁铸造而成的。

从此火车有了"自动挂钩"这双灵巧的"手"，铁路工人再也不必像过去那么辛苦了。火车变得更加安全和灵活，维修保养也更方便了。哈姆尔特·詹内发明的这项火车自动挂钩，使火车的发展史又翻开了崭新的篇章。

41 运动场上的哨子

朋友们，你们喜欢观看足球赛事吗？那么有没有观察到每一个裁判都有一个哨子呢？知道为什么是将它作为裁判的工具吗？这就要从有警笛响起的赛事说起了。

1875年，在英国伦敦举行了一场激烈的足球比赛，由于参加比赛的两支球队技艺都很高超，所以慕名而来的观众居然有上万人。一眼望去，密密麻麻的一片，熙熙攘攘的人群站满

了看台。正当人们津津有味地观看足球赛事的时候，令人意想不到事情发生了。

在比赛只剩下10分钟的时候，双方的比分还是持平。这时，双方为了一个已经踢入了球门但存在犯规争议的球而发生了争执，眼看就要动手打起来了。

场下的球迷也是一阵骚动，情不自禁地纷纷冲进了球场。球迷们为了支持自己的偶像，与对方球队的球迷扭打成了一团。一时间，整个赛场失控了，一场群殴事件即将上演。

幸运的是，此次比赛的裁判，刚好曾经是一名警察。凭着做警察的直觉，他毫不犹豫地吹响了鸣笛，他想道："我必须马上制止这种局面，否则后果将不堪设想。"

观众们听到警笛声，都以为赛场上出现了刑事罪犯，便很快顺从地回到了观众席上，运动员们也停止了争执。

恰巧，在这场赛事的观众中，有这样一位球迷，他是专门研究体育科学的专家。看到了这一幕，他得到了灵感，想："真是太令人难以置信了，一声警笛声居然使这么大的赛场安静了下来。我可以发明一个像警笛那样的哨子，用于专门来维持赛场秩序。"

于是这位专家迫不及待地赶回家，进行了实验。他的新一代裁判哨不久就制作成功了，它代替了裁判员的各种口令，使赛场的赛事变得井然有序、赏罚分明。后来这种裁判哨被应用到了其他各项体育赛事中，成了体坛裁判的必备工具。

42 能移动的亭子

鲁班是木匠的鼻祖。"班门弄斧"这个词语就是由他得来的,意思是在行家面前耍大刀、炫耀功夫了得。鲁班是个神通广大的人物,就连我们使用的雨伞,也是他的杰作之一。

作为一代宗师的鲁班,在他非常年轻的时候就已经非常出名了。他手艺高超,许多达官贵人纷纷邀请鲁班师傅来建造一些亭子和阁楼。

鲁班受到了许多人的爱戴,非常自豪,便跟妻子说:"我想出去见见世面,或许那样能长更多的本事。"

妻子云氏非常了解鲁班的为人,她明白这是丈夫的虚荣心在作怪,怕他在外面吃亏,便说:"我们来比试一下吧!"云氏看看窗外飘起的细雨,继续说:"半个月之内,我们做出能为人们遮风挡雨的工具,谁做出来的更实用一些,就算谁赢,怎么样?"

鲁班心里暗暗盘算着:"我是专业的木匠,而妻子只是一名家庭主妇,这种悬殊恐怕也太大了。"便很爽快地答应了,他准备赢了妻子,再去闯荡江湖。

一开始,鲁班总是出去闲逛,并不急着去建造什么,而是一到了下雨的时候,就出去观察雨水滴落在屋檐上的景象。他发现,雨水聚积在屋顶上,在稍微凹陷下去的部分,雨水会越积越多,甚至压坏屋顶,导致漏水。

于是鲁班花了一些时间在路边上造了十多个尖顶的"亭子",每个亭子有四个斜面,每个棱角都是向上翘的燕子尾。只要到了下雨天,雨水就会顺着斜面往下滑,一点儿都不会聚积。而且鲁班只用了四根柱子支撑顶棚,方便出入,在突然刮风下雨的时候,人们就不会在雨中毫无遮拦,找不到方向了。

而此时,云氏在想什么呢?云氏看着丈夫造好的亭子,想到了一个绝妙的办法:"我要造一座可以移动的'亭子'"。她仿造鲁班的亭子,用树枝和竹子做了一个亭子的框架,然后在上面糊上防水的油纸。然后再为它安装上一个小机关,让它可以收起来。这样一来,不管是晴天或雨天,都能派上用场,而且可以随时带着走。

二人约定的时间到了,鲁班约妻子把自己修建的十座亭子一一参观了一遍,妻子微笑着说:"很不错,果然是神匠鲁班。"他听后胸有成竹地对妻子说:"这次,我是赢定了!夫人,你也把你的'杰作'拿出来看看吧"。说完,就要求妻子把她的作品也拿出来看看。

只见云氏拿出了她自己制作的"伞",她说:"我也制造了一座'亭子'。不过,是一座可以移动的'亭子',而且可以随时带着走。"

鲁班听了妻子的话,又看了看她的伞,觉得这种伞既方便又安全,制作成本也低,制作过程快捷,是一个非常好的工具。鲁班决定不走了,留下来和妻子共同改进伞,把伞做得既精致又耐用。就这样,第一把伞在他们手中诞生了。

到了现代,人们还是利用他们做伞的原理来生产制作伞。不同的是,现代的伞经过改良和美化,不仅成了一种方便携带的雨具,还有装饰的作用。

43 长牙齿的邮票

亲爱的小朋友们,你们看到过邮票吗?有没有注意到邮票上的一个个"小牙齿"?你们知道那是怎么来的吗?现在,就让我来告诉你们吧。

1840年,英国发行了世界上第一枚邮票。那时候的邮票是一张张排列整齐、中间毫无缝隙地印在一张大纸上,使用时需要用剪刀剪下来。

1848年的冬天,一位名叫亚瑟·亨利的新闻记者在饭店里喝酒。他喝完酒后,就拿出写好的新闻资料来翻阅,整理好后便把稿件放进了信封里,准备把资料寄出去,但是发现邮票还没有撕下来。他没带剪刀,周围也没有人可以借给他。

他抓了抓头皮,想到了西装上别着一枚曲别针,便灵机一动。"我用曲别针在邮票四周扎上小洞,就可以撕下来了。"亚瑟·亨利边想边做了起来,结果很有效,他成功地把邮票撕下来了。

根据亚瑟·亨利的做法,一位商人设计出了邮票打孔机。在打孔机打过的地方,边缘出现一串小洞,撕下后出现了"牙齿"的形状。

经过反复的改良和创新后,这位商人发明的邮票打孔机被英国政府收纳并投入了使用。同年,英国发行了世界上第一枚有"牙齿"的邮票。

直到现在,我们还在使用着这种的带有"牙齿"的邮票。